도표로 읽는 부처님 생애

도표로 읽는

글 묘장 그림 배종훈

부처님 생애

부처님의 삶을 화두 삼아 정진하고
열정적으로 전법하고 있는 묘장 스님이
깊은 신심과 원력으로 써내려간
부처님 생애

민족사

신심(信心)과 원력(願力)과
정진(精進)의 시간이 되기를 기원하며…

불교에서는 계율과 선정·지혜를 삼학(三學)이라고 부른다. 가장 중요한 세 가지 가르침이라는 의미다. 삼학은 셋 다 중요한 가르침이지만 그래도 차례가 있다. 먼저 계율이 갖추어져야 선정에 들 수 있으며, 그 결과로 위없는 지혜를 얻을 수 있다. 이 말은 행동 하나하나가 그만큼 중요하다는 것을 뜻한다.

부처님 생애 탐구는 경전 속의 법문을 통한 공부가 아닌 부처님께서 삶을 통해 몸소 보여 주신 가르침을 살펴보는 과정이다. 삼학을 통해 위없는 깨달음으로 가는 과정이 계율을 통한 행동의 실천을 그 첫 시작으로 삼듯이 불교와 부처님의 가르침을 알아가는 첫 시작은 부처님의 생애를 살펴보는 것에서 비롯된다.

필자는 부처님의 생애를 담은 이 책에서 몇 가지 바람을 담고자 했다.

첫째, 부처님의 생애를 다 읽고 처음 불교를 접하는 분이라면 마음속에서 부처님에 대한 신심(信心)이 일어나기를 기대했고, 이미 삼귀의(三歸依)를 한 불자라면 신심이 증장됐으면 하는 마음을 담았다.

30년 전 출가해서 수행의 세월이 많이 흘렀다. 공부를 하면 할수록 부처님께서 출가하시어 고행하시고 정진하셨던 그 삶의 한 자락 끝도 따라가기 어렵다는 것이 느껴졌다. 하지만 그럼에도 부처님에 대한 신심은 깊어지고 마음속 평화는 오랫동안 지속 되었다.

필자는 몇 년 전 동일본 대지진, 네팔 대지진 당시 재난현장에서 구호활동을 했다. 그때 몇 차례 죽음의 위기를 넘기면서도 전혀 두려움에 휩싸이지 않았다.

오히려 부처님을 생각하며 신심이 깊어지고 마음의 안온함을 느낄 수 있었다. 이 책을 읽은 분들 또한 부처님의 생애를 통해 그러한 마음이 되었으면 한다.

둘째, 한번 책을 펼쳤을 때 쉼 없이 끝까지 볼 수 있도록, 쉽게 읽혔으면 하는 바람을 담아서 글을 썼다. 요즘은 책 한 권을 제대로 읽기가 쉽지 않다. 부끄럽지만 필자가 즐겨보는 유튜브 채널도 좋은 책들을 요약해서 정리해 주는 프로그램이다. 독자에게 잘 읽히지 않는 책은 나무에게도 미안한 일이기에 한번 책장을 열면 끝까지 읽을 수 있도록 될 수 있으면 쉽고 편안하게 읽힐 수 있는 일상의 용어로 글을 쓰기 위해 노력했다.

셋째, 마하야나와 테라와다, 바즈라야나를 구분하지 않고 우리가 놓치고 있던 부처님의 생애 부분을 두루 담아내고자 하였다. 지금은 불교의 전적들이 전 세계의 언어로 보급되고, 원하는 책들은 쉽게 구할 수 있는 세상이 되었다. 그 옛날 혜초 스님처럼 목숨을 걸고 순례를 떠나지 않아도 각국의 언어로 된 부처님의 모습을 살펴볼 수 있다. 다양한 이야기를 통해 부처님의 생애가 너무나 머나먼 이야기가 아닌 우리 곁에 가까이 살아 계시던 분의 생생한 이야기로 느껴지길 기대하면서 썼다. 독자들이 이 책을 통해 부처님과 가까워지고 신심이 깊어지고 부처님의 삶을 닮아간다면 더 바랄 나위가 없겠다.

이 책을 읽는 모든 분들에게 부처님의 가피가 항상 함께하기를 기원 드린다. 아울러 이 책을 읽는 것만으로도 신심(信心)과 원력(願力)과 정진(精進)의 시간이 될 것이라 기대하고 또 기대한다. 부족한 필자에게 부처님 생애를 쓸 수 있는 기회를 마련해 준 민족사 윤창화 대표님과 사기순 주간님에게 깊은 감사의 말씀을 드리고, 교정에 도움을 준 김은정 선생님, 내용이 한눈에 들어올 수 있도록 도표를 그려준 배종훈 작가에게도 고마운 마음을 전한다.

불기 2566(2022)년 1월
비구 묘장 합장

7장 / 전법의 길

8장 / 귀향

1장
인도

불교의 가르침은 부처님의 생애에 오롯이 담겨 있습니다. 부처님의 발걸음 하나하나, 손짓 하나하나가 진리 그 자체였습니다. 이제 부처님의 생애를 따라가 보기 전에 먼저 인도라는 나라에 대해 알아보겠습니다.

부처님의 나라 인도

"요가의 나라, 신(神)들의 나라, 명상의 나라, 신비의 나라, 세계 4대 문명 발상지의 나라, 카스트 계급의 나라…."

인도를 수식하는 다양한 표현들입니다. 인도를 바라보는 사람들의 관점은 인도의 인구 수만큼이나 다양합니다. 그곳은 수많은 신이 존재하는 성지(聖地)이기도 하지만 흙빛 근심이 가득한 얼굴을 한 불가촉천민들이 고통 속에 살아가는 현실 공간이기도 합니다.

우리에게 인도는 그 옛날 배를 타고 머나먼 바다를 건너와 김수로왕과 결혼한 허황후(許皇后)의 고향으로 더 친숙합니다. 『삼국유사』의 '가락국기(駕洛國記)조'와 '금관성파사석탑(金官城婆娑石塔)조'에서는 허황후가 바다를 건너와 수로왕과 결혼하는 과정에 대한 다이내믹하면서도 자세한 기록을 살펴볼 수 있습니다.

사람들이 각자의 관점에서 인도를 바라보고 평가하지만, 인도는 누가 뭐라 해도 '부처님의 나라'입니다. 석가모니 부처님은 인도에서 태어나셨습니다. 엄밀히 말해 룸비니는 현재 네팔에 속해 있는 지역이지만 2600여 년 전에는 인도의 전신이라고 할 수 있는 하나의 땅 '잠부디빠'였습니다. 그래서 인도는 부처님의 탄생지이자 불교의 발상지였고 법(法)이 차별 없이 구현된 세계였던 것입니다.

불교의 가르침은 부처님의 생애에 오롯이 담겨 있습니다. 부처님의 발걸음 하나하나, 손짓 하나하나가 진리 그 자체였습니다. 이제 부처님의 생애를 따라가 보겠습니다. 먼저 인도라는 나라에 대해 알아보겠습니다.

부처님의 나라 인도

인도를 수식하는 다양한 표현들

요가의 나라, 신(神)들의 나라
명상의 나라, 신비의 나라
세계 4대 문명 발상지의 나라
카스트 계급의 나라

인도를 바라보는 사람들의 관점은 다양

인도는 누가 뭐라 해도 '부처님의 나라'

석가모니 부처님은 인도에서 태어나셨습니다.

인도는 부처님의 탄생지
불교의 발상지
법(法)이 차별 없이 구현된 세계

찬란한 문명과 문화의 이면

인도는 아시아 대륙의 남서부에 위치합니다. 북쪽에는 히말라야 산맥과 힌두쿠시 산맥이 자리하고 있고 남쪽은 삼면이 바다로 둘러싸여 있습니다. 이런 지리적 조건에 변화무쌍한 기후까지 더해지면서 인도만의 독특한 문화를 만들 수 있는 토대가 되었고 인더스 문명으로 그 꽃을 피웠습니다. 기원전 3000년경부터 만들어지기 시작한 인더스 문명은 하라파와 모헨조다로를 중심으로 형성되었고 원주민들은 오랜 세월 농경을 중심으로 한 문화를 영위했습니다.

그러다 기원전 1500년경 아리안들이 인도 대륙에 들어오면서 격변을 맞이합니다. 강력한 무기를 앞세운 아리아족은 순식간에 원주민 드라비다족을 정복했고 효율적인 통치를 위해 새로운 지배체제와 지배사상을 정립하게 됩니다. 바로 브라만교의 문화가 만들어지게 된 것입니다.

브라만교의 역사는 베다, 브라흐마나, 우파니샤드 시대를 거칩니다. 베다는 신화시대, 브라흐마나는 종교시대, 우파니샤드는 철학의 시대라고 할 수 있습니다.

특히 주목할 것은 베다를 거쳐 브라흐마나 시대가 되면서 '카스트'라고 하는 완고한 계급사회가 만들어졌다는 점입니다. 카스트 제도는 브라만, 크샤트리아, 바이샤, 수드라의 네 계급에 따른 신분을 강력하게 규정합니다. 『리그베다』에 4계급을 규정하는 노래가 나올 정도입니다.

"푸루샤(신의 대리자)의 입은 브라만이로다. 그의 두 팔은 크샤트리아가 되었도다. 그의 넓적다리는 바이샤이다. 그의 양발에서 수드라가 태어났느니라."

지금도 그러하지만, 당시에도 쉽게 동의하기 어려운 브라만의 계급문화와 역사는 위대한 성인(聖人)의 탄생으로 새로운 전기를 맞이하게 됩니다.

찬란한 문명과 문화의 이면

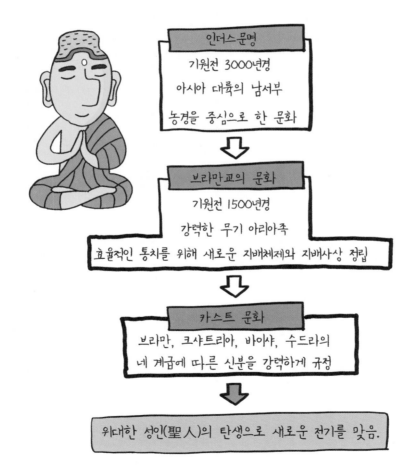

인더스문명

기원전 3000년경

아시아 대륙의 남서부

농경을 중심으로 한 문화

브라만교의 문화

기원전 1500년경

강력한 무기 아리아족

효율적인 통치를 위해 새로운 지배체제와 지배사상 정립

카스트 문화

브라만, 크샤트리아, 바이샤, 수드라의
네 계급에 따른 신분을 강력하게 규정

위대한 성인(聖人)의 탄생으로 새로운 전기를 맞음.

시절 인연의 도래

브라만을 중심으로 강고하게 이어지던 인도사회는 기원전 6세기에 접어들면서
또 한 번 출렁이게 됩니다.

정치적으로는 마가다국과 꼬살라국을 비롯한 16개의 나라가 자웅을 겨루게
됩니다. 꼬살라와 마가다는 군주 국가였고, 까삘라왓투를 비롯한 밧지, 말라 등
은 공화정이었습니다. 16개의 나라가 끊임없이 약육강식의 전쟁을 벌이면서 사
람들은 불안과 고통 속에서 결코 편치 않은 삶을 살 수밖에 없었습니다.

경제적으로는 제왕들과 결탁한 장자(長者)들이 등장하게 됩니다. 이들 장자 그
룹은 베다와 브라만이 아닌 자유로운 사상을 지지하고 후원하는 집단으로 발전
합니다. 왕들 역시 그동안 인도사회를 지배했던 브라만교 중심이 아닌 제왕 자
신들 중심으로 사회를 바꾸고자 했던 열망이 강하게 일고 있던 참이었습니다.

부처님의 든든한 후원자 빔비사라왕이 바로 마가다의 군주였고, 수닷따 장자
역시 막대한 부(富)를 부처님과 불교교단을 위해 보시합니다.

사상계에도 반전이 일어납니다. 고리타분한 전통 브라흐마나와 우파니샤드
사상에 회의를 가진 사람들이 나타나기 시작합니다. 제왕들과 장자들의 거침없
는 지지 속에 혁신 사상이 모습을 드러냈고 그것은 '육사외도(六師外道)'로 불리기
시작합니다. 막칼리 고살라, 빠꾸다 깟차야나, 아지따 께사깜발린, 뿌라나 깟사
빠, 산자야 벨라티뿟따, 니간타 나타뿟따가 바로 그들인데 이들은 저마다의 논
리로 브라만교를 강하게 부정했습니다.

그야말로 정치 · 경제 · 문화 · 사회적으로 부처님 탄생의 시절 인연은 점점 다
가오고 있었습니다.

부처님 탄생의 시절 인연이 다가오다

브라만교 중심의 강고한
인도사회 기원전 6세기 변화의 요인

정치적으로는 16개의 나라 끊임없는 약육강식의 전쟁
사람들의 불안과 고통

경제적으로는 장자 그룹의 등장
자유로운 사상을 지지하고 후원하는 장자 집단
자신들 중심으로 사회를 바꾸고자 제왕들

사상계의 반전 육사외도
고리타분한 전통 브라흐마나와 우파니샤드 사상에 회의를 가진 사람들
제왕과 장자들의 거침없는 지지 속에 혁신 사상 탄생하다.

부처님 탄생의 시절 인연이 다가오다

2장

전생의 지혜와 복덕

부처님의 생애는 전생부터 시작됩니다. 수많은 시간 동안 다양한 모습으로 세상에 나와서 정진에 정진을 거듭하신 분이 바로 부처님입니다. 화현의 형태는 달랐지만 부처님의 가르침은 동일했습니다. 자리이타, 법을 구하고 중생을 구호하기 위해서 몸을 버리는 위법 망구의 정신으로 정진하신 부처님의 전생은 시공을 초월하여 깊은 울림을 줍니다.

수많은 전생을 거쳐 나타난 현생

그런데 여기서 깊이 있게 살펴야 할 지점이 있습니다. '과연 단 6년의 수행으로 부처님이 될 수 있을까?'라는 의문 말입니다. 부처님은 천상과 인간계의 모든 문제에 대해 완벽한 해답을 주신 분입니다. 결코 6년의 수행으로 모든 것을 알고 깨친다는 것은 쉬운 일이 아닙니다. 당연히 6년 이외의 시간이 더 필요했을 것이라고 생각할 수 있습니다.

특히 인도인들은 무수히 많은 전생 동안 각고의 수행을 해야만 훌륭한 성인으로 태어날 수 있다고 믿었습니다. 전생에서 마주쳤을 무수한 고난을 극복하고 수행하고 또 수행해서 각자(覺者)가 된 것이라 생각했습니다. 석가모니 부처님 역시 예외가 아니었습니다.

이에 대한 부처님의 말씀이 있습니다.

"아득한 옛 겁에 연등불로부터 오늘날 이 사바세계에서 부처님이 될 것이라는 수기를 받고 그 후 수행을 게을리하지 않았기 때문에 이번 생에 깨달을 수 있었다."

그래서 부처님의 생애는 전생부터 시작된다고 합니다. 수많은 시간 동안 다양한 모습으로 세상에 나와서 정진에 정진을 거듭하신 분이 바로 부처님입니다.

부처님은 때로는 사람으로 또 때로는 동물로 세상에 나오셨습니다. 화현의 형태는 달랐지만 부처님의 가르침은 동일했습니다. 진리를 위해 기꺼이 몸을 던진다는 위법망구(爲法忘軀)의 자세 그 자체였습니다.

그래서 지금부터 부처님의 전생을 통해 불법(佛法)의 진정한 맛을 느껴보도록 하겠습니다.

수많은 전생을 거쳐 나타난 현생

과연 단 6년의 수행으로 부처님이 될 수 있을까?

부처님의 생애는 전생부터 시작

무수히 많은 전생 동안 각고의 수행을 해야만 훌륭한 성인으로 태어날 수 있다.

아득한 옛 겁! 연등불로부터 많은 시간 동안 정진을 거듭하신 분! 부처님
부처님은 때로는 사람으로 또 때로는 동물로 세상에 나오셨다.

진리를 위해 기꺼이 몸을 던진다는 위법망구(爲法忘軀)의 자세
화현의 형태는 달랐지만 부처님의 가르침은 하나

부처님의 전생을 통해 불법(佛法)의 진정한 맛을 느끼다.

수메다의 구도행

4아승지 10만겁 전 데와와티라는 도시에 수메다라는 젊은 수행자가 있었습니다. 수메다의 부모님은 남부럽지 않은 바라문 출신으로 조상들로부터 막대한 재산을 물려받은 분들이었습니다. 하지만 수메다가 어렸을 때 부모님이 생을 달리했습니다.

수메다는 7대 조상으로부터 이어져 온 수많은 재물과 재산에는 큰 관심이 없었고 오로지 '수행자가 되리라'는 것만을 생각하고 있었습니다. 수메다는 왕을 찾아가 전 재산을 나라와 백성들에게 환원하겠다는 뜻을 밝혔고 왕은 수메다가 원하는 대로 처리하도록 하였습니다.

그래서 수메다는 큰 북을 세게 치면서 데와와티 시 전역에 선언했습니다. "원하는 사람들은 모두 나와서 나의 재물을 가져가시오."

모든 재산을 나눠 준 수메다는 곧바로 출가를 결정합니다. 모든 물질과 욕심을 버리고 출가수행의 길을 택한 수메다는 히말라야 기슭에 토굴을 짓고 정진을 거듭했습니다. 수메다는 나무껍질로 만든 옷을 입고 씨를 뿌려 거둔 곡식을 먹지 않았습니다. 오직 과일과 풀잎만을 먹으면서 수행했습니다.

결코 눕지 않고, 단지 앉고 서고 걷는 3가지 자세로만 지내면서 쉼 없이 명상에 임했습니다. 그렇게 노력하던 7일째, 수메다는 8가지 초인적인 선정을 획득했고 5가지 신통을 성취했습니다.

수메다가 신통력을 얻고 정진에 힘쓰고 있을 때 연등부처님께서 세상에 나오셨습니다. 연등부처님은 40만의 아라한 비구들을 데리고 수다싸나 사원에 머물고 있었습니다.

수메다의 구도행

4아승지 10만겁 전
데와와티라는 도시의 젊은 수행자! 수메다!

수많은 재물과 재산을 지니고도 관심은 오로지 수행자의 길 뿐.

전 재산을 나라와 백성들에게 환원하고 출가를 결정하다.
히말라야 기슭에 토굴을 짓고 과일과 풀잎만을 먹으면서
앉고 서고 걷는 3가지 자세로만 지내면서 쉼 없이 명상

7일째,
수메다! 8가지 초인적인 선정을 획득하고 5가지 신통을 성취하다.

이때 연등부처님께서 세상에 나오시다.

연등부처님의 수기

수메다는 그때도 선정의 즐거움을 누리느라 연등부처님이 출현했다는 사실을 전혀 모르고 있었습니다.

연등부처님이 사원에 오셨다는 말에 도시의 주민들과 왕과 대신, 사문, 장자들은 누가 먼저랄 것도 없이 서로 찾아가 예를 올리고 법문을 청했습니다. 법문을 듣고 감화 받은 사람들은 연등부처님과 제자들에게 공양을 청했습니다.

연등부처님께서 공양을 받기 위해 길을 나서자 많은 사람들은 환희심으로 공양을 모셨습니다. 이 장면을 본 수메다 보살은 연등부처님의 길을 닦고 빛내는 일에 기꺼이 동참했습니다. 이윽고 연등부처님이 오시는 모습을 본 수메다 보살은 "나는 오늘 내 생명을 던져 부처님께 공양하리라."고 다짐하며 수밋타에게 받은 연꽃을 공양 올렸습니다. 훗날 수메다는 싯다르타로, 수밋타는 야소다라가 되어 다시 만나게 됩니다.

"부처님, 진흙을 밟지 마시고 부디 제 머리털과 몸을 밟고 지나가십시오. 마치 마니구슬의 관자로 된 자리를 밟는다 생각하시고 40만의 아라한과 함께 저의 등을 밟고 가십시오. 그러면 그것은 저에게 영원한 즐거움이 될 것입니다."

법(法)에 대한 신심(信心)과 원력(願力)이 가득한 수메다의 마음을 읽은 연등부처님께서 "장하다. 수메다여, 그대의 보리심은 참으로 갸륵하구나. 이같이 지극한 공덕으로 그대는 오는 세상에 기필코 부처가 되리니, 그 이름을 석가모니라 부르리라."라고 수기를 주셨습니다.

수메다는 여기서 그치지 않고 열 가지 바라밀을 성취해 진정한 수행자가 되었습니다. 또 무수히 많은 몸으로 다시 나투어 끝없이 바라밀을 실천합니다. 이렇게 부처님의 역사가 시작된 것입니다.

연등부처님의 수기(授記)

선정의 즐거움을 누리는 수메다
연등부처님의 법문에 감화한 사람들이 연등부처님과 제자들에게 공양을 청하다.

수메다 보살! 연등부처님의 길을 닦고 빛내는 일에 기꺼이 동참하다.

나는 오늘 내 생명을 던져
부처님께 공양하리라.

연등 부처님! 수메다의 마음을 읽다!
법(法)에 대한 신심(信心)과 원력(願力)이 가득한 부처님, 수메다! 석가모니!

열 가지 바라밀을 성취해 진정한 수행자가 되다.
지극한 공덕으로 그대는 오는 세상에 기필코 부처가 되리니,
그 이름을 석가모니라 부르리라.

부처님의 역사가 시작되다.

살을 베어 내준 보살

수메다는 연등부처님께 수기를 받고 보살이 되어, 중생들에게 이익을 나눠 주기 위해 보살행을 합니다. 한편 하루하루 기도정진을 하며 언젠가는 꼭 부처님이 되겠다는 서원(誓願)을 항상 가슴에 품고 있었습니다.

여느 날과 다름없이 수행을 하고 있던 차에 비둘기 한 마리가 다급하게 가슴 속으로 들어왔습니다.

보살이 물었습니다. "뭐가 이리 급하신가?" "매에게 쫓기고 있습니다."

어느새 매가 쫓아와 눈앞의 나뭇가지에 앉아서 보살에게 말했습니다.

"어서 그 비둘기를 내놓으시오. 그것은 내 음식이오."

보살은 매의 얘기를 듣고 생각했습니다. '나는 부처가 되겠다고 생각했을 때부터 모든 중생을 구제하겠다고 다짐했었다.'

매에게 말했습니다.

"비둘기를 내줄 수 없다."

"나 역시 보살이 구제하겠다는 중생입니다. 어서 비둘기를 주시오."

"어쨌든 비둘기를 줄 수 없구나. 대신 다른 방법으로 너의 굶주림을 해결할 수 있으면 내가 적극적으로 도와주겠다."

"그럼 저 비둘기만큼의 살코기를 주시오. 그럼 비둘기도 살고 나도 살 것입니다."

보살은 망설임 없이 저울을 가져와 자신의 허벅지 살을 베어 냈습니다. 무게가 모자라 베어 내고 또 베어 내기를 반복했습니다. 보살은 할 수 없이 엉덩이와 양팔, 다리까지 다 내줬습니다. 그리고 또 다짐했습니다.

"고해(苦海)에 빠져 있는 중생들을 건져내야 한다. 나는 기필코 그들을 구제할 것이다."

보살은 그렇게 이타행을 실천하고 있었습니다.

살을 베어 내준 보살

언젠가는 꼭 부처님이 되겠다는 서원(誓願)을 품고 있는 자비심 가득한 보살

"매에게 쫓기고 있습니다."
어느 날 매에 쫓기는 비둘기가 날아들었다.

'나는 부처가 되겠다고 생각했을 때부터 모든
중생을 구제하겠다고 다짐했었다.'

"어서 그 비둘기를 내놓으시오. 그것은 나의 음식이오.
나 역시 보살이 구제하겠다는 중생입니다. 어서 비둘기를 주시오."

"고해(苦海)에 빠져 있는 중생들을 건져내야 한다. 나는 기필코 그들을 구제할 것이다."
"그럼 저 비둘기만큼의 살코기를 주시오. 그럼 비둘기도 살고 나도 살 것입니다."

보살은 망설임 없이 저울을 가져와 자신의 허벅지 살을 베어냈다.

보살은 그렇게 이타행을 실천하고 있었다.

니그로다 사슴의 중생 구제

보살이 한 번은 바라나시 인근에서 니그로다라는 사슴으로 태어났습니다. 온 몸이 황금색을 띠었고 생김새와 몸매는 표현할 수 없을 정도로 빼어났습니다. 늠름하게 성장한 니그로다는 사슴 무리의 왕이 되어 오백 마리의 사슴들을 거느리고 살았습니다.

그런데 당시 바라나시의 왕은 고기반찬이 없으면 밥을 먹지 않을 정도로 육식을 좋아했습니다. 그래서 온 나라 사람들에게 매일 사슴 한 마리를 사냥해 왕궁에 바치도록 명령을 내렸습니다.

사람들은 사슴 무리를 한곳으로 몰아넣고 커다란 그물을 쳤습니다. 그리고는 매일 한 마리의 사슴을 사냥해 왕의 밥상에 올려놓는 일을 멈추지 않았습니다. 이 모습을 지켜본 니그로다는 죽음을 피할 수 없다면 순서를 정해 희생하자는 제안을 했습니다.

차례차례 순서를 기다리던 중 새끼를 밴 어미 사슴의 순서가 되었습니다. 이때 일부의 반대가 있었지만 니그로다는 자신이 어미 사슴 대신 희생하겠다고 나섰습니다. 한꺼번에 두 생명을 빼앗길 수는 없었기 때문입니다.

황금사슴이 죽기를 자청하고 나선 모습을 본 왕이 "사슴의 왕이여, 나는 이미 그대의 목숨만큼은 거두지 않겠다고 명했는데, 왜 여기 누워 있는 것이오?"라고 물었습니다. 니그로다에게 자초지종의 설명을 들은 왕은 그 말에 감동 받고 살생을 멈추겠다고 말했습니다. 니그로다는 여기서 한발 더 나아가 육지에 사는 동물들과 하늘을 날아다니는 새들, 물속에 사는 물고기까지 보호해 줄 것을 요청했습니다. 왕도 기꺼이 동의했습니다.

사슴으로 태어난 보살은 사슴들을 지켜준 것은 물론이고 왕과 왕을 따르는 백성들에게도 생명의 소중함을 일깨워 주었습니다. 이렇듯 보살은 생명을 살리는 일을 멈추지 않았습니다.

니그로다 사슴의 중생 구제

바라나시 인근 사슴으로 태어난 보살! 니그로다!

"매일 사슴 한 마리를 사냥해 왕궁에 바치거라."

왕은 고기반찬이 없으면 밥을 먹지 않을 정도로 육식을 좋아했다.
매일 한 마리의 사슴을 사냥해 왕의 밥상에 올려놓는 일을 멈추지 않았다.

"죽음을 피할 수 없다면 순서를 정해 희생하자."

새끼를 밴 어미 사슴이 순서를 미뤄 달라 요청하자
니그로다는 자신이 먼저 나서겠다고 했다.

"사슴의 왕이여, 나는 그대의 목숨을 건드리지 않겠소. 왜 여기 누워 있는
것이오?"

니그로다의 설명을 들은 왕이 살생을 멈추었다.

"육지에 사는 동물들과 하늘을 날아다니는 새들, 물속에 사는
물고기까지 보호해 주십시오."

생명의 소중함을 일깨워 준 사슴으로 태어난 보살! 니그로다!

은혜를 잊은 자의 최후

보살이 자비행을 하던 중 아홉 빛깔의 고운 털을 가진 사슴으로 태어났습니다. 빛깔이 너무 고와서 눈이 부실 정도였습니다. 깊은 산속에 살던 사슴의 유일한 친구는 까마귀였습니다. 항상 서로를 격려하며 하루하루 행복한 나날을 보냈습니다.

어느 날 한 남자가 물에 빠져 허우적거리며 계곡으로 떠내려 왔습니다. 살기 위해 발버둥치다 간신히 나뭇가지 하나를 잡았습니다. 다시 떠내려가려 할 때쯤, 이 모습을 본 사슴이 빠른 걸음으로 다가갔습니다. 그리고 황급히 뿔을 내밀었습니다. 사슴의 뿔을 잡은 남자는 간신히 목숨을 건질 수 있었습니다.

남자는 사슴에게 연신 고개를 숙이며 감사의 인사를 전했습니다. 하지만 사슴은 괜찮다며 발걸음을 돌리려 했습니다. 순간 남자는 "어떻게 은혜를 갚을 수 있겠습니까?"라고 물었습니다. 사슴이 답했습니다. "그럴 필요는 없습니다. 그래도 은혜를 갚고 싶다면 제가 이곳에 있다는 얘기만 하지 말아 주십시오. 제가 여기 있는 것이 알려지면 사람들이 몰려올 것입니다."

남자는 그렇게 하겠다고 다짐하며 돌아갔습니다. 그런데 꿈에서 아홉 빛깔 사슴을 본 왕비가 왕에게 간청하여 사슴 사냥이 시작되었고 거액의 현상금에 눈이 먼 남자는 사냥꾼을 데리고 다시 사슴을 찾아왔습니다.

운명을 직감한 사슴이 앞으로 나왔고, 왕은 사슴의 이야기를 들었습니다. 왕은 마음을 돌려 사슴을 사냥하지 않고 그 남자에게 큰 벌을 내렸습니다. 인과(因果)와 은혜를 잊은 사람에게는 가혹한 벌이 뒤따를 뿐입니다. 사슴보살은 인과를 이렇게 직접 보여 주었습니다.

은혜를 잊은 자의 최후

아홉 빛깔의 고운 털을 가지고 태어난 사슴!

어느 날 한 남자가 물에 빠져 허우적거리며 계곡으로 떠내려 왔다.
사슴은 빠른 걸음으로 다가가 황급히 뿔을 내밀었다.

어떻게 은혜를 갚을 수 있겠습니까?

은혜를 갚고 싶다면 제가 이곳에 있다는 얘기만
하지 말아 주십시오.

꿈에서 아홉 빛깔 사슴을 본 왕비가 왕에게 간청하여 사냥이 시작
거액의 현상금에 눈이 먼 남자는 사냥꾼을 데리고 다시 사슴을 찾아왔다.

사슴의 이야기를 들은 왕은 마음을 돌려 사슴을 사냥하지 않고
그 남자에게 큰 벌을 내렸다.

사슴 보살은 인과를 이렇게 직접 보여주었다.

자기희생으로 무리를 구한 원숭이

보살이 한때는 원숭이의 왕으로 태어났습니다. 이 원숭이 왕은 갠지스강 상류 히말라야 깊숙한 곳에서 수많은 원숭이들을 보살피고 있었습니다. 그 강에는 매년 많은 양의 망고과일을 생산하는 망고나무가 있었습니다. 이 망고나무 덕분에 원숭이들은 세상에 둘도 없는 망고 맛을 즐길 수 있었습니다.

원숭이 왕은 망고가 떨어져 강 하류로 떠내려가지 않도록 하라는 당부를 잊지 않았습니다. 망고가 떠내려가 사람들이 먹게 되면 분명 망고를 구하러 산으로 올 것이 뻔했기 때문입니다. 그런데 망고가 아무도 모르는 사이 떨어지고 말았습니다. 전에 보지 못한 망고를 습득한 왕은 맛을 보고 더 먹고 싶은 생각에 수많은 뗏목을 만들어 이윽고 망고나무를 찾아냈습니다.

사냥꾼들에 둘러싸인 원숭이들은 어찌할 바를 몰랐고 원숭이 왕은 꾀를 내어 원숭이들을 대피시켰습니다. 아슬아슬한 길이의 덩굴에 자신의 몸을 연결해 원숭이를 탈출시켰지만 마지막 원숭이가 그만 등을 세게 밟고 지나가 기진맥진해진 원숭이 왕은 덩굴도 놓친 채 죽기만을 기다렸습니다.

이 모든 과정을 지켜본 왕은 원숭이 왕을 구해 정성껏 치료해 주었습니다. 그리고 그간의 이야기를 자세히 들었습니다. 기운을 차린 원숭이 왕은 "왕으로서의 의무를 다하기 위해 자신을 희생해 같은 무리의 원숭이들을 구했다."고 말했습니다.

잠시 정신이 돌아왔지만 원숭이 왕은 인간 세상에 적지 않은 울림을 주고 숨을 거두었습니다.

자기희생으로 무리를 구한 원숭이

보살이 한때는 원숭이의 왕으로 태어났다.
그 강에는 매년 많은 양의 망고과일을 생산하는 망고나무가 있었다. 원숭이
왕은 망고가 떨어져 강 하류로 떠내려가지 않도록 하라는 당부를 잊지 않았다.
그런데 망고가 아무도 모르는 사이 떨어지고 말았다. 전에 보지 못한 망고를
습득한 왕은 수많은 뗏목을 만들어 이윽고 망고나무를 찾아냈다.

아슬아슬한 길이의 덩굴에 자신의 몸을 연결해 원숭이를 탈출!
이 모든 과정을 지켜본 왕은 원숭이 왕을 구해 정성껏 치료해 주었다.

"왕으로서의 의무를 다하기 위해 자신을 희생해 같은 무리의 원숭이들을 구했다."

원숭이 왕은 인간 세상에 적지 않은 울림을 주고 숨을 거두었다.

굶주린 호랑이를 위해 몸을 던진 왕자

보살이 언젠가는 한 나라의 왕자로 태어났습니다. 왕자는 어린 시절부터 자비심이 남달라 곤경에 처한 사람들을 보면 자기가 가지고 있던 모든 것을 내어주곤 했습니다. 심지어 노예를 구하기 위해 자신이 노예가 되기도 했고, 이를 알게 된 부왕이 왕자를 구하기도 했습니다.

왕자는 어느 날 산에 올라 선인들을 만났습니다. 선인들의 삶과 수행하는 모습을 본 왕자는 수행자가 되기를 서원했습니다. 왕자는 세상사가 덧없음을 깨닫고 입고 있던 옷과 장신구를 벗어 마차에 실어 왕궁으로 돌려보냈습니다.

깊은 산에서 수행을 이어가던 왕자의 눈앞에 한 식구로 보이는 호랑이 가족이 눈에 들어왔습니다. 그런데 이 호랑이들은 폭설로 인해 아무것도 먹지 못하고 허기에 지쳐 있었습니다. 그대로 두면 굶주린 어미가 새끼들을 잡아먹을 수도 있는 상황이었습니다.

왕자는 선정에 들어 과거의 무수한 생을 관찰해 보았습니다. 아득한 옛날부터 자신이 몸을 천 번 희생할 서원을 세웠고 999번까지 실행했다는 것을 알게 되었습니다.

'이제 마지막 한 번을 저 호랑이들을 위해 희생하자.'라고 생각한 왕자는 벼랑 위에서 호랑이 가족 앞으로 뛰어내렸습니다. 호랑이들에게 자신의 몸을 보시한 것입니다. 이 모습을 본 천지의 모든 생명들은 통곡을 했고, 그 소리는 하늘과 땅에 울려 퍼졌습니다. 이때 산에 있던 500명의 선인들이 더없이 높은 진리를 구할 마음을 내게 되어 선인들은 곧 큰 깨달음을 얻었습니다. 왕자의 희생이 천지를 깨닫게 했습니다.

굶주린 호랑이를 위해 몸을 던진 왕자

보살이 언젠가는 한 나라의 왕자로 태어났다.
곤경에 처한 사람들을 보면 자기가 가지고 있던 모든 것을 내어주곤 했다.

왕자는 어느 날 산에 올라 선인들을 만났는데, 그들의 삶과 수행을 보고
수행자가 되기를 서원했다.

깊은 산에서 수행을 이어가던 왕자의 눈앞에 폭설로 인해 아무것도 먹지
못한 호랑이 가족이 눈에 들어왔다.

'이제 마지막 한 번을 저 호랑이들을 위해 실천하자.'
왕자는 벼랑 위에서 호랑이 가족 앞으로 뛰어내렸다.

왕자의 희생이 천지를 깨닫게 했다.

설산동자가 뛰어 내린 까닭

보살은 히말라야 깊은 산속에서 설산동자의 모습으로 수행하고 있었습니다. 나이는 어렸지만 발심(發心)의 크기는 여느 어른과 다르지 않았습니다.

깊은 삼매에 들어 있던 동자 곁에 제석천왕이 나찰로 변해 지난 세상의 부처님께서 말씀하신 게송을 읊었습니다. "모든 것은 변하고 항상한 것 없다. 이것이 바로 나고 죽는 법이다. …"

게송을 들은 동자의 눈이 번쩍 뜨이는 듯했습니다. 게송에는 동자가 찾고 있던 진리가 담겨 있었기 때문입니다.

동자는 나찰에게 다가가 "나찰님! 그 게송은 제가 진실로 알고자 했던 삼세의 부처님께서 가르치신 바른 도리입니다. 그런데 게송이 아직 완전한 것이 아니니 나머지 반의 게송을 더 들려 주실 수 있겠습니까?"라고 부탁했습니다.

나찰은 게송을 더 말하기 전에 주린 배부터 채워야 한다며 "내가 먹는 것은 사람의 따뜻한 살이고 마시는 것은 사람의 끓는 피"라고 말했습니다. 이 말을 들은 동자는 "나머지 게송을 말해 준다면 당신을 위해 기꺼이 내 몸을 공양하겠다."고 답했습니다.

나찰은 "생기고 소멸함이 다 사라진 그 세상은 모든 고통이 떠난 대열반의 기쁨"이라고 추가로 게송을 말했습니다. 게송을 들은 동자는 환희심을 크게 일으키며, 그대로 나찰에게 몸을 던지며 말했습니다.

"간탐하고 인색한 사람들, 또 적은 것을 보시하고 뽐내는 사람은 모두 와서 내가 게송을 위해 생명 버리기를 초개같이 하는 것을 보라."

진리를 구하고자 설산동자는 몸을 던졌습니다. 오로지 진리를 향해 정진하는 동자의 모습은 시공을 초월하여 깊은 울림을 줍니다.

설산 동자가 뛰어 내린 까닭

히말라야 깊은 산속에서 설산동자가 수행하고 있었다.

모든 것은 변하고 항상한 것이 없다.
이것이 바로 나고 죽는 법이다.

나찰님! 그 게송은 제가 진실로 알고자 했던 삼세의 부처님께서 가르치신 바른 도리입니다. 그런데 게송이 아직 완전한 것이 아니니 나머지 반의 게송을 들려 주실 수 있겠습니까?

게송을 더 말하기 전에 주린 배부터 채워야 한다.

나머지 게송을 말해 준다면 당신을 위해 기꺼이 내 몸을 공양하겠습니다.

생기고 소멸함이 다 사라진 그 세상은 모든 고통이 떠난 대열반의 기쁨이다.

진리를 구하고자 설산동자는 몸을 던졌다.
오로지 진리를 향해 정진하는 동자의 모습은 깊은 울림을 주기에 충분하다.

도솔천의 호명보살

수메다는 스스로 발심한 후 아승지 십만 겁의 세월 동안 무려 547번의 몸을 받으며 오직 중생 구제의 원력을 실천하기 위해 노력했습니다. 십바라밀을 완성한 뒤 드디어 도솔천에 호명보살로 태어났습니다.

시간이 흘러 곧 부처님이 나타날 것이라는 말을 들은 천신들은 모두 한자리에 모여 도솔천의 호명보살에게 인류의 부처가 되어 줄 것을 간청합니다.

"보살이시여! 십바라밀을 행하여 깨달음을 성취한 것은 세상의 모든 중생을 구제하기 위한 것이었습니다. 이제는 보살께서 세상에 출현할 시기가 왔습니다."

즉답을 피한 채 하생의 시기와 대륙과 나라와 집안과 어머니 등에 관한 생각을 정리한 보살이 얼마 뒤 말문을 열었습니다. "천신들이여! 이제 내가 부처가 될 시기가 된 것 같습니다."

이때 까삘라왓투에서는 한창 축제 중이었습니다. 마야왕비는 단정하고 조용한 마음으로 사꺄족 사람들과 함께 축제를 즐겼습니다. 갖가지 장식으로 몸을 꾸미고 맛난 음식을 먹었지만 하루 종일 팔관재계를 지키고 있었습니다. 축제를 마무리한 뒤 왕비는 침전에 들었습니다. 침대에 누워 잠든 왕비는 꿈을 꿉니다. 그때 호명보살이 여섯 개의 상아를 가진 흰색 코끼리가 되어 침대 주위를 오른쪽으로 세 번 돈 다음 왕비의 태 안으로 들어갑니다.

호명보살이 마야부인의 태에 들자 세계가 모두 진동하고 찬란한 빛이 천지를 비추었습니다. 이어 사방에서 연꽃비가 내리며 하늘에서는 음악이 울려 퍼지고 땅에서는 모든 생명이 함께 춤을 추었습니다.

도솔천의 호명보살

십바라밀을 완성한 뒤 드디어 도솔천에 호명보살로 태어났다. 천신들은 모두 한자리에 모여 도솔천의 호명보살에게 인류의 부처가 되어 줄 것을 간청했다.

천신들이여! 이제 내가 부처가 될 시기가 된 것 같습니다.

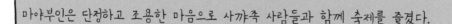

마야부인은 단정하고 조용한 마음으로 사까족 사람들과 함께 축제를 즐겼다.

잠이 든 왕비의 꿈을 꾸었는데 호명 보살이 여섯 개의 상아를 가진 흰색 코끼리가 되어 침대 주위를 오른쪽으로 세 번 돈 다음 왕비의 태 안으로 들어갔다.

호명보살이 마야부인의 태에 들자 세계가 모두 진동하고 찬란히 빛이 천지를 비췄다.

사방에서 연꽃비가 내리며 하늘에서는 음악이 울려 퍼지고 땅에서는 모든 생명이 함께 춤을 추었다.

3장

탄생

부처님의 탄생게는 온 우주를 울리는 일대 선언입니다. 천상천하 유아독존(온 우주에서 나 홀로 존귀하다),
수많은 생명들과 천신들의 스승이자 자비의 아버지이신 부처님의 존귀함은 물론이고 불성(佛性)을 가
지고 있는 우리 모두가 존귀하다는 말씀, '삼계개고 아당안지(삼계가 다 고통스러우니 내가 편안케 하리라)'라
는 자비 실천의 의지가 함께 녹아 있는 탄생게만 가슴에 새겨도 우리가 어떻게 살아야 할지 알 수 있
습니다.

룸비니에서의 탄생

여섯 개의 상아를 가진 흰 코끼리가 태에 드는 꿈을 꾸었다는 마야왕비의 말은 삽시간에 까삘라왓투 전역에 퍼졌습니다. 숫도다나왕은 바라문과 선인들에게 해몽을 부탁했습니다.

국사 마하나마가 운을 뗐습니다.

"여섯 개의 이빨을 가지고 일곱 부위가 땅에 닿는 흰 코끼리는 잠부디빠를 통일할 전륜성왕만이 가질 수 있는 보배입니다. 왕비께서 전륜성왕이 되실 왕자를 잉태하신 것이 분명합니다."

숫도다나왕은 기쁨을 감출 수 없었습니다. 마흔이 넘어서도 자식이 없던 왕에게는 더 없는 축복이었습니다.

보살이 마야부인의 태에 든 뒤 시간이 흘렀고 마야부인은 당시 관습에 따라 출산을 위해 고향으로 향했습니다.

왕은 꼴리야로 향하는 길을 정성스럽게 정비하고 꽃으로 장엄했습니다. 백성들의 환송을 받으며 마야부인은 데와다하로 향했습니다. 느린 속도였지만 왕비를 호위하는 대신들의 발걸음에도 환희와 기쁨이 가득했습니다.

이윽고 룸비니 동산에 다다랐습니다. 기원전 624년 사월 초파일, 새들은 노래를 부르고 바람은 맑고 부드럽고 따사로웠습니다. 산책을 하던 마야부인이 손을 내밀어 잠시 나뭇가지를 잡는 순간 천지가 흔들리고 하늘에서는 꽃비가 내리기 시작했습니다. 그 순간 산통도 없이 선 자리에서 아기를 낳았습니다.

왕비가 붙잡았던 나무는 무우수(無憂樹)로 불리게 됩니다. 태어나실 때부터 사람들의 근심과 고통을 없애 주려 했던 분이 바로 부처님이기 때문입니다.

룸비니에서의 탄생

숫도다나왕이 바라문과 선인들에게 해몽을 부탁

왕비께서 전륜성왕이 되실 왕자를 잉태하신 것이 분명합니다.
여섯 개의 이빨을 가지고 일곱 부위가 땅에 닿는 흰 코끼리는 잠부디빠를 통일할
전륜성왕만이 가질 수 있는 보배입니다.

마야부인은 당시 관습에 따라 출산을 위해 고향으로 향함.

왕은 꼴리야로 향하는 길을 정성스럽게 정비하고 꽃으로 장엄.

기원전 624년 사월 초파일, 새들은 노래를 멈추지 않았고 바람은 맑고
깨끗하고 따사로웠다.

순간 산통도 없이 선 자리에서 아기를 낳다.

태어나실 때부터 사람들의 근심과 고통을 없애주려 했던 분이 바로 부처님!

천상천하 유아독존

마야왕비의 오른쪽 옆구리로 아기가 태어나자 삼천대천세계가 환하게 빛났습니다. 범천왕은 황금 그물로 아기를 받아 모셨고, 인드라천은 일산으로 그늘을 만들어줬습니다. 그때 아홉 마리의 용과 용왕이 나타나서 더운물과 찬물로 씻기자 아기의 몸은 황금빛으로 빛났습니다. 걸음을 옮길 때마다 수레바퀴만큼 큰 연꽃이 피어올라 아기의 발을 받들었습니다.

아기가 오른손은 하늘을 가리키고 왼손은 땅을 가리키며 사방으로 일곱 걸음을 걸으며 사자와 같은 모습으로 말했습니다.

> **천상천하 유아독존**(天上天下 唯我獨尊) **삼계개고 아당안지**(三界皆苦 我當安之)
> 하늘 위 하늘 아래 내가 오직 존귀하니
> 고통에 휩싸인 삼계를 내가 마땅히 편안케 하리라.

아기보살의 이 말씀은 인류 역사에서 전무후무한 일대 선언입니다. 인류의 어떤 성인도 이런 말씀을 한 적이 없습니다.

먼저 이 말씀은 부처님이시기에 할 수 있는 말씀입니다. 수많은 생명들과 천신들의 스승이자 자비의 아버지이시기에 부처님 스스로 오직 존귀하다는 것입니다. 또한 고통에 신음하고 있는 모든 중생들의 마음을 어루만지고 편안케 하겠다고 강조하신 것입니다. 두 번째는 불성(佛性)을 가지고 있는 우리 모두가 존귀하다는 말씀입니다. 그러니 탐진치 삼독에 가득 찬 '나'를 버리고 본래부터 존귀하고 존귀한 '나'를 찾자는 것입니다.

부처님의 탄생게에는 이와 같은 '천상천하 유아독존'이라는 깨달음과 지혜의 말씀과 함께 '삼계개고 아당안지'라는 자비실천의 의지가 함께 녹아 있습니다. 탄생게만 가슴에 새겨도 우리가 어떻게 살아야 할지 알 수 있습니다.

천상천하 유아독존(天上天下 唯我獨尊)

마야부인의 오른쪽 옆구리로 아기가 태어나자 삼천대천세계가 환하게 빛남.

아홉 마리의 용과 용왕이 나타나서 더운물과 찬물로 씻기자 아기의 몸은 황금빛으로 빛남.

아기가 오른손은 하늘을 가리키고 왼손은 땅을 가리키며 사방으로 일곱 걸음을 걸으며 사자와 같은 모습으로 말했습니다.

하늘 위 하늘 아래
내가 오직 존귀하니 고통에 휩싸인 삼계를
내가 마땅히 편안케 하리라.

부처님 자신이 오직 존귀하다는 말씀은
불성(佛性)을 가지고 있는 우리 모두가 존귀하다는 것.

탐진치 삼독에 가득찬 '나'를 버리고 존귀하고 존귀한 '나'를 찾아야 한다.

성취한 사람, 싯다르타

마야왕비의 출산 소식은 빠르게 왕국 전체에 퍼졌습니다. 숫도다나왕도 급히 룸비니동산으로 달려왔습니다. 왕족과 대신들, 백성들의 환호 속에 숫도다나왕은 아기를 품에 안았습니다. 그리고 바라문과 선인들을 향해 아기의 얼굴을 보여 주었습니다.

"왕자의 상호를 살펴주시오."

꼰단냐, 락카나, 라마, 다자, 만띠, 수야마, 보자, 수닷따 등 여덟 바라문이 왕자의 얼굴을 유심히 살피고 또 살펴봅니다.

"대왕이시여! 큰 경사입니다. 왕자님 몸에는 서른두 가지의 상호가 빠짐없이 갖춰져 있습니다. 왕자님은 분명 전쟁을 하지 않고서도 세계를 지배하는 전륜성왕이 되실 것입니다. 이제 세상 사람들은 더 이상 칼과 창, 활로 서로를 죽이고 죽이는 일을 멈추게 될 것입니다. 우리 왕국의 큰 경사이자 세상 모든 사람들에게도 큰 기쁨입니다."

바라문들의 말을 들은 숫도다나왕은 절로 고개가 숙여졌습니다. 그리고는 자기도 모르게 아기의 두 발에 예를 올렸습니다.

"오! 전륜성왕이여! 내가 무슨 복이 이렇게 많아 훌륭하고 훌륭한 아들을 얻었단 말인가. 아들의 이름은 '싯다르타'라고 하리라. 고따마 싯다르타. 반드시 나의 아들이 이 세상의 주인이 되게 하리라."

싯다르타는 '목적을 성취한 사람'이라는 뜻을 가지고 있습니다. 부왕은 아들이 이름대로 전륜성왕이 되기를 간절하게 바랐습니다. 부왕뿐만 아니라 까삘라 왕국 사꺄족 전체가 전륜성왕이 될 왕자를 칭송했습니다.

성취한 사람, 싯다르타

왕족과 대신들, 백성들의 환호 속에 숫도다나왕이 아기를 안고,
"왕자의 상호를 살펴 주시오."

여덟 바라문이 왕자의 얼굴을 유심히 살피고 또 살펴보고 나서,
"왕자님 몸에는 서른두 가지의 상호가 빠짐없이 갖춰져 있습니다.
왕자님은 분명 세계를 지배하는 전륜성왕이 되실 것입니다."

바라문들의 말을 들은 숫도다나왕은 절로 고개가 숙여졌다.

'고따마 싯다르타. 반드시 나의 아들이 이 세상의 주인이 되게
하리라. 아들의 이름을 '싯다르타'라고 하리라.'

싯다르타는 '목적을 성취한 사람'이라는 뜻을 가지고 있음.

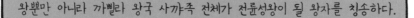

왕뿐만 아니라 까삘라 왕국 사꺄족 전체가 전륜성왕이 될 왕자를 칭송하다.

부처님이 되실 상호

싯다르타가 태어나고 첫 번째 시련이 닥칩니다. 어머니인 마야왕비가 아기를 낳고 7일 만에 세상과의 인연을 다하고 천상세계 도리천에 환생하였습니다. 결국 싯다르타는 이모 마하빠자빠띠의 보살핌 속에서 성장을 합니다.

왕자의 탄생 소식은 히말라야 깊은 산중에까지 전해집니다. 아시따 선인 역시 천신들로부터 소식을 접하게 됩니다.

"더할 수 없는 지혜와 복덕을 갖추신 분이 룸비니 동산에서 태어나셨습니다. 왕자님은 하늘과 인간세계에 커다란 이익과 안락을 가져다주실 것입니다."

아시따 선인은 급히 궁궐로 달려갔습니다. 숫도다나왕은 예를 갖추었지만 선인은 안부도 잊은 채 싯다르타 왕자를 찾았습니다. 마하빠자빠띠가 아시따 선인에게 아기를 보여줍니다. 순간 아시따 선인의 눈에서 눈물이 흘러내렸습니다.

"왕자님은 인간 가운데 가장 뛰어난 분입니다. 왕자님은 최상의 깨달음을 얻어 많은 사람들을 행복하게 해 주실 것입니다. 진리의 수레바퀴를 온 세상에 굴리실 것입니다. 하지만 불행하게도 저는 왕자님의 지혜와 자비를 보지 못하고 죽을 것입니다. 그래서 저도 모르게 눈물이 났습니다."

선인의 예언에 왕궁 모든 사람들이 환호성을 질렀지만, 부왕은 결코 기뻐할 수 없었습니다. 전륜성왕이 될 수 없다는 말에 상심이 클 수밖에 없었습니다.

히말라야로 돌아온 아시따 선인은 조카 날라까에게 당부했습니다.

"훗날 큰 깨달음을 얻어 진리의 길을 걸어가고 있는 부처님이 나타났다는 소문이 들리거든 주저 없이 그분을 찾아가 가르침을 받아라. 지금 나의 이 예언은 반드시 이루어질 것이다."

부처님이 되실 상호

어머니인 마야부인이 아기를 낳고 7일 만에 세상과의 인연을 다함.
싯다르타는 이모이자 양모인 마하빠자빠띠의 보살핌 속에서 성장함.

아시따 선인 역시 천신들로부터 소식을 접하다.

더할 수 없는 지혜와 복덕을 갖추신 분이 룸비니 동산에서 태어나셨
습니다. 왕자님은 하늘과 인간세계에 커다란 이익과 안락을
가져다주실 것입니다.

왕자님은 인간 가운데 가장 뛰어난 분입니다. 왕자님은 최상의
깨달음을 얻어 많은 사람들을 행복하게 해 주실 것입니다. 불행하게도
저는 왕자님의 지혜와 자비를 보지 못하고 죽을 것입니다.

훗날 큰 깨달음을 얻어 진리의 길을 걸어가고 있는 부처님이
나타났다는 소문이 들리거든 주저 없이 그분을 찾아가 가르침을
받아라. 지금 나의 이 예언은 반드시 이루어질 것이다.

4장

성장과 번민

고따마 싯다르타 태자 시절 당대 최고의 스승으로부터 바라문 사상과 학문을 섭렵하고, 승마와 창술,
궁술 등 29종의 군사학을 익혔습니다. 전륜성왕의 자질을 두루 갖추며 성장하던 싯다르타 태자는 농
경제에서 중생들의 고통을 직면하고 번민합니다. '고통 받지 않는 삶, 늙고 병들어 죽는 근원적인 고
통에서 벗어나는 길은 무엇인가?'

빛이 나는 태자

싯다르타는 양모 마하빠자빠띠의 정성어린 보살핌에 무탈하게 자랍니다. 슛도다나왕이 사꺄족 여인 32명을 선발하여 여덟 명은 안아주는 일, 여덟 명은 목욕시키는 일, 여덟 명은 젖먹이는 일, 여덟 명에게는 재미있게 놀아주는 일을 맡겼지만, 양모는 이를 모두 허용하지는 않았습니다. 직접 따뜻한 물에 전단향을 풀어 아침저녁으로 목욕시키는 일을 마다하지 않았고 행여 다치지 않을까 태자에게서 눈길을 떼지 않고 살피고 또 살폈습니다.

잘 자라는 왕자의 모습은 양모의 기쁨이자 자랑이었습니다. 싯다르타가 태어난 후 사꺄족은 태평성대를 누립니다. 분쟁은 사라졌고 백성들은 풍족했습니다. 슛도다나왕 역시 태자를 살피면서 정사를 게을리하지 않았습니다.

태자가 일곱 살이 되자 슛도다나왕은 태자의 본격적인 공부를 위해 학교를 세우고 비슷한 연배의 사꺄족 어린이들을 500명 선발했습니다. 그리고 당대 최고의 스승을 초빙합니다. 베다와 우빠니샤드에 정통한 박사 위슈와미뜨라와 병법과 무예를 담당할 끄산띠데와, 수학을 가르칠 아르주나, 언어학자이자 문법학자인 삽바밋따를 위촉했습니다.

싯다르타 태자는 위슈와미뜨라와 삽바밋따로부터 베다와 베다의 부속학문을 배웠고 바라문들의 사상과 학문을 섭렵했습니다. 64개의 문자는 물론 수학과 논리학까지 공부한 태자는 승마와 창술, 궁술 등 29종의 군사학을 익힙니다.

비범했던 태자는 모든 학문을 스펀지처럼 흡수합니다. 정확하고 깊이 있는 배움은 태자의 명석함을 더 빛나게 했습니다. 지혜와 올곧은 품성을 두루 겸비한 전륜성왕의 길을 가는 모습 그대로였습니다.

빛이 나는 태자

싯다르타는 양모 마하빠자빠띠의 정성어린 보살핌에 무탈하게 성장함.

싯다르타가 태어난 후 사꺄족은 태평성대를 누리다.
분쟁은 사라졌고 백성들은 풍족했다.

태자가 일곱 살이 되자 숫도다나왕은 태자의 본격적인 공부를 위해 학교를
세우고, 비슷한 연배의 사꺄족 어린이들을 500명 선발, 당대 최고의 스승 초빙.

비범했던 태자는 모든 학문을 스펀지처럼 흡수.
정확하고 깊이 있는 배움은 태자의 명석함을 더 빛나게 함.

64개의 문자는 물론 수학과 논리학까지 더한 태자는 승마와 창술, 궁술 등
29종의 군사학을 익힘.

지혜와 올곧은 품성을 두루 겸비한 전륜성왕의 길을 가는 모습!!!

농경제에서 목도한 현실

싯다르타의 사꺄족은 대부분의 백성들이 농사를 주업으로 삼고 살았습니다. 부지런함이 미덕이었고 농산물 생산에 절대적 영향을 미치는 자연에는 경외감을 품고 있었습니다.

그래서 매년 봄 풍년을 기원하는 농경제는 왕국 전체의 중요한 행사였습니다. 왕이 앞장서서 하늘과 땅에 제를 올리고 풍성한 수확을 간절하게 바랐습니다. 태자 싯다르타 역시 부왕과 함께 농경제에 참석해 마음을 더했습니다.

매년 농경제에 참석하던 태자의 눈에 새로운 풍경들이 보이기 시작했습니다. 땡볕에서 땀을 뻘뻘 흘리며 일하는 농부는 쉴 틈이 없습니다. 조금이라도 더 일을 해 가족을 먹이고 또 세금을 바쳐야 하기 때문입니다. 쟁기가 지나간 자리에는 새떼가 몰려와 벌레들을 쪼아 먹었습니다. 유정무정의 생명들이 하나같이 고통스런 모습으로 살아가는 것을 보고 태자는 가슴이 답답해졌습니다.

싯다르타는 잠부나무 아래로 가서 사색에 잠겼습니다. '사람들의 눈에서 눈물이 나게 하는 삶을 영위하지 않으리라.' 싯다르타는 다짐하고 또 다짐했습니다.

해가 지고 농경제가 끝날 무렵 태자가 사라진 것을 안 사람들이 허겁지겁 사방을 뒤지며 태자를 찾아 나섰습니다. 얼마의 시간이 흘렀을까. 잠부나무 아래에서 사색에 잠긴 태자를 발견한 대신들은 안도의 한숨을 내쉬었습니다.

숫도다나왕은 태자의 진지한 모습에 자신도 모르게 몸을 낮추어 예를 올렸습니다. 고통 받는 생명들을 구하고자 하는 태자의 마음은 돌이키기 어려운 상황으로 달려가고 있었습니다.

농경제에서 목도한 현실

싯다르타의 사꺄족은 대부분의 백성들이 농사를 주업으로 삼음. 매년 봄 풍년을 기원하는 농경제는 왕국 전체의 중요한 행사였음.

매년 농경제에 참석하던 태자의 눈에 새로운 풍경들이 보이기 시작함. 유정무정의 생명들이 하나같이 고통스런 모습으로 살아가는 것을 보고 태자의 가슴이 답답해지다.

사람들의 눈에서 눈물이 나게 하는 삶을 영위하지 않으리라.

고통 받는 생명들을 구하고자 하는 태자의 마음은 점점 더 굳건해짐.

야소다라와의 결혼

싯다르타 태자의 나이가 열아홉이 되자 숫도다나왕은 태자의 결혼을 서둘렀습니다. 왕위를 계승하기 위한 준비였습니다. 태자가 더 이상 외부의 일에 관심을 갖지 않게 하기 위한 것도 서두른 이유 중 하나입니다.

태자는 "젊고 건강하며 아름다우면서도 교만하지 않고, 삿된 생각을 하지 않고, 시부모를 자기 부모처럼 섬기고, 주위사람 돌보기를 자기 몸처럼 하고 부지런해야 한다."고 배우자의 조건을 전했습니다.

숫도다나왕은 태자비 간택을 위한 일들을 진행했고 꼴리야의 공주 야소다라가 최종 후보자로 결정되었습니다. 야소다라의 아버지 숩빠붓다는 숫도다나왕에게 역제안을 합니다. 싯다르타가 무예대결을 통과해야 결혼에 응할 수 있다는 것이었습니다.

곧 사꺄족 청년들과의 무예 대결이 시작되었습니다. 먼저 궁술 대결이 벌어졌습니다. 여기에서 태자는 할아버지 시하하누왕이 쓰던 활을 사용해 화살을 과녁에 꽂았습니다. 이 활은 너무 크고 무거워서 할아버지가 쓴 이후 아무도 사용하지 못하고 사당에 보관되어 있던 것이었습니다. 뒤이어 펼쳐진 검술대결에서도, 말과 코끼리를 다루는 시합에서도, 어느 누구도 싯다르타 태자보다 뛰어난 사람은 없었습니다.

'검증'을 통과한 싯다르타는 야소다라를 부인으로 맞이하였습니다. 숫도다나왕은 태자 부부를 위해 람마, 수람마, 수바라는 세 개의 궁전을 지어 우기와 여름철, 겨울철에 각각 머물게 배려했습니다. 싯다르타와 야소다라의 생활은 매우 호화로웠지만 그만큼 싯다르타의 허전함도 커져갔습니다.

야소다라와의 결혼

싯다르타 태자의 나이가 열아홉이 되자 태자의 결혼을 서두르는 숫도다나왕!

젊고 건강하며 아름다우면서도 교만하지 않고, 삿된 생각을 하지 않고, 시부모를 자기 부모처럼 섬기고, 주위사람 돌보기를 자기 몸처럼 하고 부지런해야 한다.

꼴리야의 공주 야소다라가 최종 후보자로 결정됨.
숫도다나왕에게 역제안을 하는 야소다라의 아버지 숩빠붓다!

싯다르타가 무예대결을 통과해야 결혼시키겠습니다.

궁술대결에서도, 검술대결에서도, 말과 코끼리를 다루는 시합에서도
그 누구도 견줄 수 없이 가장 뛰어났던 싯다르타 태자!!!
'검증'을 통과한 싯다르타는 마침내 야소다라를 부인으로 맞이함.
싯다르타와 야소다라의 궁중생활은 호화로웠지만 그만큼 허전함도 커져갔다.

'호화'와 '고통'의 공존

싯다르타가 살던 궁전은 높고 튼튼한 담장으로 둘러싸여 있었습니다. 문을 여닫는 소리가 40리 밖까지 들릴 정도로 대문 역시 크고 웅장했습니다.

훗날 제자들 앞에서 부처님께서 젊은 시절의 삶을 회고한 말씀이 『유연경』에 다음과 같이 나옵니다.

"내가 출가하기 전 부왕은 세 개의 궁전을 지어 주셨다. 궁전에서 멀지 않은 곳에 연못이 있었는데 그곳에는 푸른색, 붉은색, 빨간색, 흰색의 연꽃이 피어났다. 그곳에는 또 수비병을 두어 사람들이 마음대로 통행하지 못하게 했으니 그것도 내가 편안하게 쉬도록 하기 위함이었다.

네 사람을 시켜 나를 목욕시키고는 붉은 전단향을 내 몸에 바르고 항상 새 비단옷을 입도록 하였다. 그리고는 밤낮으로 일산을 받치게 하였으니, 밤에는 이슬을 맞지 않게 하기 위함이요, 낮에는 햇볕에 그을리지 않게 하기 위함이었다.

다른 집에서는 밀기울이나 보리밥을 먹었지만 우리 집에서는 가장 낮은 하인들도 쌀밥과 기름진 반찬을 먹었다. 내가 동산에 갈 때는 30명의 훌륭한 기병을 선발하여 앞뒤로 호위하여 나를 인도하게 하였다."

숫도다나왕은 아들이 출가할 수도 있다는 아시따 선인의 예언을 항상 경계하고 살았습니다. 그래서 아들이 다른 생각을 하지 못하도록 철저하게 조치했던 것입니다. 야소다라와의 결혼도 그렇게 성사가 되었습니다.

그러나 성 밖의 삶들은 고달팠습니다. 싯다르타가 성 밖에서 마주한 백성들의 현실은 고통 그 자체였습니다.

'호화'와 '고통'의 공존

싯다르타 태자를 위해 세 개의 궁전을 지어 준 숫도다나 왕

싯다르타가 살던 궁전은
문을 여닫는 소리가 40리 밖까지 들릴 정도로 대문 역시 크고 웅장함.

붉은 전단향을 몸에 바르고, 항상 새 비단옷을 입고,
가장 낮은 하인들도 쌀밥과 기름진 반찬을 먹었다.

숫도다나 왕은 아들이 출가할 수도 있다는 아시따 선인의 예언을 항상
경계하고 살면서 아들이 다른 생각을 하지 못하도록 미리 최상의 환경을 갖추어줌.

그러나 고달픈 성 밖의 삶들…
싯다르타가 마주한 백성들의 삶은 참담한 고통으로 다가옴.

사문유관_동문에서 마주한 늙음

궁에서의 생활은 더할 나위 없이 좋은 조건이었습니다. 하지만 어렸을 때부터 느꼈던, 삶에 대한 근본적인 질문은 해소되지 못했습니다.

그래서 궁궐 안팎의 사람들을 더 자세히 살펴보기로 마음을 먹습니다. 성문 밖의 모습이 궁금했던 싯다르타는 말을 타고 세상 속으로 나아갔습니다. 부왕 숫도다나왕은 태자의 외출 소식에 거리를 깨끗하고 아름답게 정비해 두었습니다. 고통은 없고 기쁨과 환희만 가득한 거리로 만들어 놓았습니다. 그래도 사람들의 모습을 완전히 감출 수는 없었습니다.

즐거워 보이는 사람들 사이에서 한 노인이 힘겹게 발걸음을 옮기고 있었습니다. 잔뜩 구부러진 허리에 쭈글쭈글한 얼굴, 힘없이 늘어진 팔과 다리로 흐느적흐느적 걷는 모습은 보는 사람들의 마음을 더 불안하게 했습니다. 싯다르타가 노인에 대해 묻자 마부가 답합니다.

"사람은 누구나 나이가 들면 저 노인처럼 늙습니다. 저 노인도 젊었을 때는 힘이 넘쳐 주체할 수 없었을 것입니다. 그러나 지금은 그저 힘없이 늙은 사람에 불과합니다. 저도 그렇고 태자님도 언젠가는 저렇게 될 것입니다. 태어나서 성장해 화려한 인생의 나날을 보내다 해가 지듯 사람의 인생도 저무는 것이 아닐까 생각됩니다."

궁 안에서는 접할 수 없었던 처절한 늙음의 고통을 마주한 태자 싯다르타의 마음은 더 복잡해집니다. '늙음이라는 자연'을 거부할 수는 없겠지만 좀 더 아름다운 늙음은 없는 것인지, 나아가 늙음을 피할 수는 없는지에 대한 고민이 시작됐습니다.

사문유관 - 동문에서 마주한 늙음

어렸을 때부터 느꼈던, 삶에 대한 근본적인 질문은 해소되지 못했던 싯다르타!
성문 밖의 모습이 궁금했던 싯다르타는 말을 타고 세상 속으로 나아감.

부왕 숫도다나는 태자의 외출 소식에 거리를 깨끗하고 아름답게 정비해 둠.
고통은 없고 기쁨과 환희만 가득한 거리를 만들어 놓음.

즐거워 보이는 사람들 사이에서 한 노인이 힘겹게 발걸음을 옮기는 모습을 보고
연유를 묻는 싯다르타 태자에게,

"저도 그렇고 태자님도 언젠가는 저렇게 될 것입니다. 태어나서 성장해 화려한
인생의 날을 보내다 해가 지듯 사람의 인생도 저무는 것이 아닐까 생각됩니다."

'늙음이라는 자연'을 거부할 수는 없겠지만, 좀 더 아름다운 늙음은 없는 것인지,
나아가 늙음을 피할 수는 없는지에 대해 고민.

사문유관_남문에서 본 병듦

성 밖 외출을 하고 돌아온 싯다르타 태자의 표정은 밝을 수가 없었습니다. 누구나 늙음을 알고 있지만 마치 자신의 일이 아닌 것처럼 생각하고 말하는 사람들의 모습이 당황스러웠습니다.

시간이 지나 남쪽 성문을 통해 다시 세상 속으로 스며들었습니다. 동문 외출 후 의기소침해진 모습을 본 슛도다나왕은 더 길을 깨끗하게 정비하고 찬란하게 꾸몄습니다. 세상의 아픔을 철저히 감추려 노력했습니다.

길을 가던 태자 앞에 간신히 생명줄을 잡고 있는 사람이 나타났습니다. 바싹 마른 몸에 배는 부풀어 오르고 얼굴 곳곳에 흉터가 가득했습니다. 앙상하게 뼈만 남은 몸은 쉬지 않고 휘청거렸습니다.

태자가 물었습니다. "이 사람은 어떤 상태인가?"

"병에 걸린 사람입니다. 세상사람 중 아프지 않을 사람은 없습니다. 크건 작건 병은 사람과 떼려야 뗄 수 없습니다. 하지만 자신에게 올 병은 생각하지 않고 잠깐의 쾌락을 위해서 질주하는 사람들이 대부분입니다."

싯다르타는 다시 자책합니다.

'누구에게나 오는 늙음과 병듦은 결코 피할 수 없다. 저 사람 역시 자신의 아픔을 생각이나 했을까? 영원히 늙지 않고 병들지 않는 삶은 없는 것인가? 사람들이 저렇게 아픈데, 나는 계속 궁전에서 꽃만 보고, 기녀들의 노래만 듣고 살아야 하는가?'

혼란스러운 마음은 좀처럼 가라앉지 않았습니다. 사람들의 고통을 보면서 편안하게 지낼 수는 없는 일이었습니다.

사문유관 – 남문에서 본 병듦

누구나 늙음을 알고 있지만, 마치 자신의 일이 아닌 것처럼 생각하고 말하는 사람들의 모습이 당황스러운 싯다르타

싯다르타는 얼마 후 시간이 지나 남쪽 성문을 통해 다시 세상 속으로 나아감.

부왕 숫도다나는 더 길을 깨끗하게 정비하고 찬란하게 꾸며서 세상의 아픔을 철저히 감추려 노력함.

길을 가던 태자 앞에 간신히 생명줄을 잡고 있는 사람을 보고 그에 대해 묻자,

"크든 작든 병은 사람과 떼려야 뗄 수 없습니다. 하지만 자신에게 올 병은 생각하지 않고 잠깐의 쾌락을 위해서 질주하는 사람들이 대부분입니다."

사람들이 저렇게 아픈데, 나는 계속 궁전에서 꽃만 보고, 기녀들의 노래만 듣고 살아야 하는가? 영원히 늙지 않고 병들지 않는 삶은 없는 것인가?

사문유관_서문에서 직면한 죽음

싯다르타는 다시 길을 나섰습니다. 이번에는 서문입니다. 숫도다나왕은 특히 마부에게 태자의 길 안내에 신중할 것을 강력하게 명령했습니다.

국왕의 당부에 아랑곳하지 않는 듯, 한 무리의 장례 행렬이 태자 앞길을 가로질러 갑니다. 태자가 묻습니다.

"저 사람들은 무엇을 하고 있는 것인가?"

"장례 행렬입니다. 일행을 보아 하니 저 무리의 아버지가 사망한 것 같습니다. 부인과 자식들이 저리 슬퍼하지만 죽은 사람은 말이 없습니다. 그냥 하나의 물건 치우듯 옮겨져 화장할 것입니다. 사람은 다 죽습니다. 시작이 있으면 끝도 있는 것입니다. 결국에는 불에 태워져 우리 몸도 다시 자연으로 돌아갈 것입니다."

태자는 다시 말문이 막혔습니다. 병들고 늙으면 모두가 죽음에 직면합니다. 피할 수 없습니다. 한시도 허튼 생각, 허튼 행동을 할 수 없습니다. 그럼에도 사람들은 눈앞의 이익에만 골몰합니다. 남보다 조금이라도 더 앞서기 위해 앞만 보고 달립니다. 그렇게 딱할 수가 없습니다.

싯다르타 태자의 정신적 충격은 이루 말할 수가 없었습니다. 길을 돌려 궁으로 돌아온 싯다르타는 쉽게 잠에 들지 못합니다.

근본적인 문제들을 해결하지 못하는 현실에 가슴이 답답해집니다. 어린 시절 농경제에서 보았던 지치고 피곤한 삶이 다시 머릿속을 스칩니다. 마음속에 간직하고 있던 작은 고민이 이제 바윗덩이처럼 커져 온몸을 짓누릅니다.

사문유관 – 서문에서 직면한 죽음

싯다르타는 다시 길을 나서다. 이번에는 서문.

국왕의 당부에 아랑곳하지 않는 듯,
한 무리의 장례 행렬이 태자 앞길을 가로질러 갔다.

사람은 다 죽습니다. 시작이 있으면 끝도 있는 것입니다.
결국에는 불에 태워져 우리 몸도 다시 자연으로 돌아갈 것입니다.
병들고 늙으면 모두가 죽음에 직면합니다. 피할 수 없습니다.
사람들은 눈앞의 이익에만 골몰합니다. 남보다 조금이라도 더
앞서기 위해 앞만 보고 달립니다. 그렇게 딱할 수가 없습니다.

어린 시절 농경제에서 보았던 지치고 피곤한 삶이 다시 머릿속을 스치다.
근본적인 문제들을 해결하지 못하는 현실에 가슴이 답답해진 싯다르타!!!

사문유관_북문에서 만난 수행자

늙고 병들고 죽은 사람들을 본 싯다르타의 마음은 불편했습니다. 자신의 생활과
는 다른 사람들의 모습이 아찔하게 다가왔습니다.

　마음을 추스를 겸 다시 마차에 올랐습니다. 이번에는 북문입니다. 사람들 속
으로 다가서려 할 때쯤 출가사문 한 사람이 다가옵니다. 머리를 깎고 가사를 입
은 사문이 발우를 들고 탁발을 나선 길이었습니다.

　처음 보는 사문의 당당한 모습에 싯다르타가 마부에게 그가 누구인지 물었습
니다.

　"저 사람은 출가한 사람입니다. 마음과 행동이 가볍지 않고 몸과 입과 마음이
모두 청정합니다."

　호기심이 발동한 싯다르타가 사문에게 직접 묻습니다.

　"당신은 어떤 사람입니까?"

　"저는 출가한 몸입니다. 항상 착한 마음으로 몸가짐을 하고 있으며 몸과 입과
마음을 청정히 하고자 노력하고 있습니다."

　맑고 맑은 사문의 모습은 싯다르타의 마음을 끌어당기기에 충분했습니다.

　'참으로 훌륭하다. 나도 저와 같은 사문이 되어야겠다.'

　궁으로 돌아온 싯다르타의 머릿속에서 그 사문의 얼굴과 말과 행동이 사라지
지 않았습니다. 사람들의 근본문제를 풀 수 있는 답을 그 사문이 가지고 있는 것
같았습니다.

　고민을 끝낸 싯다르타 태자는 숫도다나왕의 방문을 두드렸습니다. 굳은 결심
을 전하기 위해서였습니다. 어느 때보다 편한 태자 싯다르타의 얼굴을 본 부왕
은 불길한 기운이 엄습해 오고 있음을 직감하고 있었습니다.

사문유관 - 북문에서 만난 수행자

늙고 병들고 죽은 사람들을 보고 마음이 불편해진 싯다르타는
마음을 추스를 겸 다시 마차에 올라 북문으로 나섰다.
멀리서도 빛이 나는 사람이 다가왔다.

당신은 어떤 사람입니까?

저는 출가한 몸입니다. 항상 착한 마음으로
몸가짐을 하고 있으며 몸과 입과 마음을
청정히 하고자 노력하고 있습니다.

맑고 맑은 사문의 모습은 싯다르타의 마음을 끌어당김.
고민을 끝낸 싯다르타 태자는 굳은 결심을 전하기 위해 숫도다나왕을
찾아갔다.

사람들의 근본문제를 풀 수 있는 답을
그 사문이 가지고 있는 것 같았습니다.

5장

출가

사람들이 누구나 원하는 부귀영화를 버리고 출가한 고따마 싯다르타 태자, 인류 역사에 전무후무한 가장 위대한 포기를 실행에 옮긴 싯다르타 태자의 출가는 그 자체만으로도 큰 교훈을 줍니다.

출가의 서원을 세우다

태자는 부왕에게 모든 것을 털어놓았습니다. 그리고 마지막 한 말씀을 올렸습니다.

"아버지! 저는 출가해서 수행자의 길을 걷겠습니다."

"그것은 안 된다. 제발 그 마음을 돌려라. 이 아버지와 어머니, 그리고 우리 왕국의 모든 사람들의 기대를 저버릴 것이냐? 너의 모든 소원을 들어주겠다. 너 혼자가 아닌 많은 사람들을 생각해라. 이제 제자리로 돌아가자."

"아버지! 저의 네 가지 소원을 들어주시면 출가하지 않겠습니다. 영원히 젊음을 누리며 늙지 않게 해 주십시오. 영원히 병들지 않고 건강하게 해 주십시오. 죽지 않고 영원히 살게 해 주십시오. 사랑하는 사람들과 영원히 이별하지 않게 해 주십시오. 이 소원을 들어주시면 저는 출가하지 않고 아버지의 말씀에 따르는 삶을 살 것입니다."

"태자야! 그런 소원은 어느 누구도 이룰 수 없는 것이다. 누가 네가 말한 네 가지를 실천할 수 있겠느냐? 나 또한 그와 같은 것들을 얻을 수 있다면 기쁘기 그지없을 것이다."

부왕은 태자에게 다시 말을 보탰습니다.

"네가 태어났을 때 아시따 선인께서 내려와 너의 출가를 예언한 바가 있다. 그 말씀을 들은 이후로 줄곧 너의 출가를 생각하고 있었다. 그러나 나라의 왕위를 계승하는 일은 매우 중요하다. 나를 위해 아들을 낳아줬으면 한다. 그 뒤에도 네가 출가의 뜻을 굽히지 않는다면 그때는 지금처럼 반대하지 않을 것이다. 너의 출가는 우리만의 문제가 아니라 우리 왕국 모두의 문제이다."

부왕의 마음을 알게 된 싯다르타는 오히려 홀가분해졌습니다.

출가의 서원을 세우다

아버지! 저는 출가해 수행자의 길을 걷겠습니다.

우리 왕국의 모든 사람들의 기대를 저버릴 것이냐?
너의 모든 소원을 들어주겠다.

아버지, 영원히 젊음을 누리며 늙지 않게 해 주십시오.
아버지, 영원히 병들지 않고 건강하게 해 주십시오. 아버지,
죽지 않고 영원히 살게 해 주십시오. 아버지, 사랑하는 사람들과
영원히 이별하지 않게 해 주십시오. 이 소원을 들어주시면 저는
출가하지 않고 아버지의 말씀에 따르는 삶을 살 것입니다.

태자야! 그런 소원은
어느 누구도 이룰 수 없는 것이다. 나라의 왕위를 계승하는
일은 매우 중요하다. 나를 위해 아들을 낳아줬으면 한다.
그 뒤에도 네가 출가의 뜻을 굽히지 않는다면 그때는
지금처럼 반대하지 않을 것이다.

부왕의 마음을 알고 싯다르타는 오히려 홀가분해지다.

아들, 라훌라(장애)

부왕의 뜻을 알게 된 싯다르타는 출가의 적절한 시기만 엿보고 있었습니다. 그러던 중 부인 야소다라가 임신을 했고 시간이 흘러 아들을 낳았습니다. 사꺄족에게는 더없는 경사였습니다. 전륜성왕이 될 것이라고 믿어 의심치 않았던 싯다르타 태자가 아들을 낳았으니 왕국에 이보다 더 좋은 일은 없었을 것입니다.

그러나 싯다르타의 마음은 복잡해졌습니다. 기쁜 일이기도 했지만 슬픈 일이기도 했습니다. 아들의 출산 소식을 들은 직후 싯다르타의 입에서는 작은 탄식이 흘러나왔습니다. "오! 라훌라!" 당연한 반응이었을 것입니다.

라훌라는 '장애(물)', '속박'이라는 뜻을 가진 말입니다. 수행자의 삶에 있어서는 아들이 장애물이 될 수 있다는 것입니다. 출가의 걸림돌이 될 수도 있기 때문입니다. 현실적으로도 수행자에게 가족은 불편한 존재입니다. 사사로운 것에 이끌리게 되면 수행에 집중하기 힙듭니다. 그래서 아들이 태어났다는 소식이 싯다르타에게는 썩 반가운 일만은 아니었을 수도 있습니다.

한편으로는 부왕에게 출가의 이유가 될 수도 있었을 것입니다. 부왕 슛도다나왕에게는 자신의 대를 이을 자손이 필요했기 때문입니다. 오랜 시간 손자를 기다려온 아버지 슛도다나왕과 부인 야소다라에게는 라훌라가 새로운 희망이 되었을 것입니다.

뒤에 자세히 설명하겠지만 싯다르타의 아들 라훌라는 훗날 부처님의 10대 제자가 됩니다. 아들이자 제자로서 라훌라 존자는 누구 못지않은 훌륭한 수행자가 됩니다. 밀행제일 라훌라 존자로 성장하는 과정도 매우 흥미진진합니다.

장애, 라훌라

부인 야소다라가 아들을 낳았다는 말을 듣고
싯다르타의 첫 마디
"오! 라훌라!"
라훌라는 '장애(물)', '속박'이라는 뜻을 가진 말임.

> 오! 라훌라!!

왕손의 출생은 사꺄족에게는 더 없는 경사였으나
싯다르타의 마음은 복잡다단함.
기쁜 일이기도 했지만 슬픈 일이기도 했음.
사사로운 것에 이끌리게 되면 수행에 집중할 수 없기 때문.

오랜 시간 손자를 기다려온 숫도다나왕과 야소다라에게는
라훌라가 새로운 희망이 되었을 것.

싯다르타의 아들 라훌라는 훗날 부처님 10대 제자가 됨.
아들이자 제자로서 라훌라 존자는 그 누구보다 훌륭한 수행자였음.

위대한 포기

라훌라가 태어난 지 7일째 되던 날 싯다르타는 출가를 결행합니다. 잠들어 있는 부인 야소다라와 아들 라훌라의 얼굴을 본 뒤 왕궁의 담을 넘게 됩니다. 영원한 자유를 위한 위대한 포기는 이렇게 시작되었습니다.

먼저 싯다르타는 마부 찬나를 깨워 애마 깐타까에게 안장을 얹을 것을 지시했습니다. 영문도 모른 채 잠에서 깬 찬나는 태자의 지시에 따라 말을 준비했습니다. 싯다르타 태자는 깐타까에 올라타 찬나와 함께 성문을 나섭니다.

쥐죽은 듯 고요한 까삘라 성을 빠져나와 달리고 또 달렸습니다. 뒤도 돌아보지 않는 태자의 모습에 찬나는 불길한 생각을 떨칠 수가 없었습니다.

동이 트기 직전 아노마 강에 도착한 태자는 말에서 내렸습니다.

"이제 너희들의 일은 끝났다. 그동안 나를 살피느라 고생 많았다. 찬나야! 깐타까와 함께 궁으로 돌아가거라."

찬나는 한사코 혼자 돌아가기를 거부했지만 싯다르타의 마음은 이미 금강석처럼 단단해진 상태였습니다.

"출가의 뜻을 거두시지 않는다면 저도 데려가 주십시오. 이 거칠고 험한 곳에 태자님 혼자 보내드릴 수 없습니다."

찬나의 애원에도 싯다르타는 칼을 꺼내 스스로 머리를 잘랐습니다. 그리고 화려한 장식물과 장신구들을 다 찬나에게 주었습니다.

"나는 생로병사의 고통을 해결하고 최상의 진리를 얻기 전까지 돌아가지 않을 것이라고 아버지에게 전해 다오."

모든 것을 버리고 싯다르타가 출가한 날. 29세이던 기원전 595년 2월 8일의 일이었습니다.

위대한 포기

라훌라가 태어난 지 7일째 되던 날 싯다르타는 출가를 결행. 영원한 자유를 위한 위대한 포기는 이렇게 시작되었다.

싯다르타 태자는 애마 깐타까에 올라타 찬나와 함께 성문을 나서 동이 트기 직전 아노마 강에 도착.

"이제 너희들의 일은 끝났다. 그동안 나를 살피느라 고생 많았다. 찬나야! 깐타까와 함께 궁으로 돌아가거라."

찬나의 애원에도 싯다르타는 칼을 꺼내 스스로 머리를 자르고, 화려한 장식물과 장신구들을 모두 다 찬나에게 줌.

"나는 생로병사의 고통을 해결하고 최상의 진리를 얻기 전까지 돌아가지 않을 것이라고 아버지에게 전해 다오."

모든 것을 버리고 싯다르타가 출가한 날은 나이 29세였던 기원전 595년 2월 8일.

천신들의 축하와 마라의 방해

그렇게 크고 무거웠던 성문이 열리자 천신들은 기쁜 마음으로 싯다르타의 뒤를 따랐습니다. 이때 와사왓띠 마라가 급히 타화자재천에서 인간세계로 내려왔습니다. 싯다르타의 출가를 막기 위해서였습니다.

마라는 평소에도 중생들이 윤회에서 벗어나는 것을 방해해 왔던 참이었습니다. 이번에도 싯다르타를 유혹하여 출가를 막을 셈이었습니다.

"위대한 영웅이시여! 출가의 생각은 어서 거두시오. 당신은 시간이 조금만 지나면 2000개의 섬을 거느리고 4대륙을 통치하는 전륜성왕이 될 것이오."

"내게 전륜성왕의 지위는 전혀 어울리지 않소. 마라여! 그대는 어서 당신의 길을 가시오. 여기서 더 머물지 마시오. 나는 일만 세계 전체를 향해 사자후를 외치는 세상의 지도자, 부처가 될 것이오."

"하하. 싯다르타여! 그대의 마음에 애욕의 생각과 분노의 생각과 해치려는 생각이 떠오를 때마다 내가 누구인지 알려주겠다!"

이날부터 마라는 싯다르타의 주위를 그림자처럼 따라다닙니다. 끊임없이 싯다르타의 수행을 방해합니다.

마라를 물리친 싯다르타가 말을 타고 나아갈 때 모든 천신과 브라만들은 주위를 호위했습니다. 6만 개의 횃불과 향기로운 꽃과 백단향 가루, 야크의 꼬리털로 만든 부채, 여러 가지 깃발을 들고 싯다르타와 함께 했습니다. 그들은 천상의 악기로 노래를 부르며 싯다르타의 앞날을 밝혀 주었습니다.

싯다르타는 하룻밤 사이 사꺄, 꼴리야, 말라의 세 왕국을 지났습니다. 그리고 앞서 전한 대로 아노마 강에 도달했던 것입니다.

천신들의 축하와 마라의 방해

그렇게 크고 무거웠던 성문이 열리자 천신들은 기쁜 마음으로 싯다르타의 뒤를 따름.
와사왓티 마라가 싯다르타의 출가를 막기 위해서 급히 타화자재천에서
인간세계로 내려옴.

위대한 영웅이시여! 출가의
생각은 어서 거두시오. 당신은 시간이 조금만
지나면 2천 개의 섬을 거느리고 4대륙을
통치하는 전륜성왕이 될 것이오.

나는 일만 세계 전체를 향해 사자후를
외치는 세상의 지도자, 부처님이 될 것이오.

하하. 싯다르타여! 그대의 마음에 애욕의 생각과 분노의 생각과
해치려는 생각이 떠오를 때마다 내가 누구인지 알려주겠다!

마라는 끊임없이 싯다르타의 수행을 방해함.
싯다르타는 하룻밤 사이 사꺄, 꼴리야, 말라의 세 왕국을 지남.
마라를 물리친 싯다르타가 말을 타고 나아갈 때 모든 천신과 브라만들이
주위를 호위함.

귀가를 종용하는 부왕과 대신들

찬나와 깐타까가 돌아간 뒤 싯다르타 보살은 때마침 길을 지나던 사냥꾼과 옷을
바꿔 입었습니다. 값비싼 비단옷을 마다할 리 없는 사냥꾼은 신이 나서 싯다르
타의 제안을 바로 수락합니다.

삭발을 하고 누더기옷을 걸치니 왕자가 아닌 영락없는 보살, 사문의 모습 그
대로였습니다. 출가 수행자의 삶이 시작된 것입니다.

먼저 보살은 아누피야 마을 망고 동산에서 7일간 머물며 다양한 수행자들을
만났습니다. 이어 꾸시나가라로 발걸음을 옮겼습니다.

태자의 출가 소식을 접한 숫도다나왕은 대신들을 보내 왕궁으로 데려올 것을
지시했습니다. 굶주림에 지치고 거친 환경에 상한 태자의 얼굴을 본 대신들은
대성통곡했습니다.

"태자님의 진리를 구하고자 하는 마음을 바꾸라는 것이 아닙니다. 반드시 숲
속에서 진리를 구해야 하는 것은 아니지 않습니까?"

"물론 그렇습니다. 하지만 제가 출가한 것은 제가 보았던 사람들의 고통을 끊
고 진리를 찾기 위해서입니다. 이것이 저의 숙명입니다. 반드시 진리를 찾아 보
여드릴 것입니다. 그때까지는 결코 돌아가지 않을 것이라고 아버님께 전해 주
십시오."

대신들의 간곡한 요청에도 보살은 마음을 돌리지 않았습니다. 오히려 진리를
향한 마음은 더욱 굳건해졌습니다.

보살의 환궁을 요청하러 왔던 대신들 중 꼰단냐, 왑빠, 밧디야, 마하나마, 앗
사지 등 다섯 명은 아시따 선인의 '싯다르타 태자가 부처님이 된다'는 예언에 큰
기대를 안고 보살의 뒤를 따랐습니다. 이들은 훗날 보살이 깨달음을 이루고 부
처님이 되신 뒤 첫 법문을 듣게 되는 5비구가 됩니다.

귀가를 종용하는 부왕과 대신들

찬나와 깐타까가 돌아간 뒤 싯다르타 보살은
때마침 길을 지나던 사냥꾼과 옷을 바꿔 입음.

삭발을 하고 누더기옷을 걸치니 왕자가 아닌 영락없는 보살, 사문의 모습.
드디어 출가 수행자의 삶이 시작되다.

싯다르타 태자의 출가 소식을 접한 숫도다나왕은
대신들을 보내 왕궁으로 데려올 것을 지시함.

태자님의 진리를 구하고자 하는 마음을 바꾸라는 것이 아닙니다.
반드시 숲속에서 진리를 구해야 하는 것은 아니지 않습니까?

제가 출가한 것은 제가 보았던 사람들의 고통을 끊고 진리를
찾기 위해서입니다. 이것이 저의 숙명입니다. 반드시 진리를 찾아
보여드릴 것입니다.

보살의 환궁을 요청하러 왔던 대신들 중 꼰단냐, 왑빠, 밧디야, 마하나마,
앗사지 등 다섯 명은 보살의 뒤를 따름.

박가와와의 만남

보살은 본격적으로 수행자들을 만나기 시작합니다. 싯다르타 보살이 처음으로 찾아간 사람은 고행주의자 박가와였습니다. 박가와는 풀이나 나무껍질로 옷을 만들어 입고 하루 한 끼 또는 이틀이나 사흘에 한 끼를 먹으며 극도의 고행을 닦고 있었습니다.

보살은 박가와에게 고행을 통해 무엇을 얻을 수 있는지를 물었지만 "천상에서 태어날 것"이라는 다소 황당한 말만 돌아왔습니다.

"천상에 태어나기 위해서입니다. 육체는 속박입니다. 고통 덩어리인 육체를 학대하고 괴롭혀 스스로 정화하면 그 보상으로 다음 생에는 더 안락한 생활을 누리게 됩니다. 우리 모두는 천상에서 태어나 최고의 즐거움을 누리며 살 것입니다."

보살은 정중한 충고를 던집니다.

"당신들의 수행이 지극히 고통스럽지 않다는 것은 아닙니다만, 그러한 수행을 통해서는 끝내 괴로움에서 벗어날 수 없을 것입니다."

싯다르타 보살과 박가와는 하루 밤낮을 마주앉아 토론을 벌였습니다. 보살은 박가와에게서 어떤 답도 구하지 못했습니다. 보살의 총명함과 영민함, 수행에 대한 강력한 의지를 본 박가와는 알라라 깔라마를 추천합니다. 보살은 다시 발걸음을 돌립니다.

보살이 다른 스승을 찾아 나선 길에도 부왕은 대신들을 보내 귀가를 강권합니다. 이미 보살은 태자가 아닌 수행자였기에 자신의 길을 묵묵히 갑니다. 어떤 회유와 압박도 보살의 길을 막지 못합니다.

박가와와의 만남

싯다르타 보살이 처음으로 찾아간 사람은 고행주의자 박가와!

고행을 통해 무엇을 얻을 수 있습니까?

고통 덩어리인 육체를 학대하고 괴롭혀 스스로 정화하면 그 보상으로 다음 생에는 더 안락한 생활을 누리게 됩니다. 우리 모두는 천상에서 태어나 최고의 즐거움을 누리며 살 것입니다.

당신들의 수행이 지극히 고통스럽지 않다는 것은 아닙니다만, 그러한 수행을 통해서는 끝내 괴로움에서 벗어날 수 없을 것입니다.

보살의 총명함과 영민함, 수행에 대한 강력한 의지를 본 박가와는 알라라 깔라마를 추천함. 보살은 다시 발걸음을 돌려 알라라 깔라마를 찾아감.

이미 보살은 이젠 태자가 아닌 수행자였기에 자신의 길을 묵묵히 걸어갔다.

알라라 깔라마의 무소유처정

박가와를 떠난 보살은 웨살리로 향합니다. 웨살리에서 알라라 깔라마의 명성은 대단했습니다. 도시 인근에 자리 잡은 그의 사원에는 수백 명의 수행자와 참배객들로 붐볐습니다. 보살은 대중들 사이를 가로질러 사원의 중심으로 향했습니다. 120살의 수행자 알라라 깔라마는 보살을 환대했습니다.

보살은 알라라 깔라마가 어떤 수행을 하고 있는지 단도직입으로 물었습니다.

"바른 수행으로 지혜를 얻으면 고통의 굴레에서 벗어날 수 있습니다. 지혜를 얻으려면 신념과 노력과 선정이 필요합니다. 생사의 근본을 끊고자 한다면 먼저 계행을 지키고 인욕하면서 조용한 곳을 찾아 선정을 닦아야 합니다."

전에 만났던 사문들과 달리 알라라 깔라마의 얘기 속에는 깊은 체험에서 나오는 진정성이 담겨 있었습니다. 그러나 보살의 마음은 시원하지 못했습니다. 금방 알라라 깔라마가 말한 경지에 도달했기 때문입니다. 보살은 좀 더 필요했습니다. 무엇을 체득했는지 묻지 않을 수 없었습니다.

"나는 열여섯에 출가해 104년 동안 수행했습니다. 그 속에서 제가 터득한 경지는 무소유처정(無所有處定)입니다."

무소유처정에 들면 모든 것이 평안했습니다. 그러나 깨어나면 모든 것은 그 전과 다르지 않았습니다. 알라라 깔라마의 무소유처정으로는 번뇌를 완전히 떨쳐낼 수 없다는 것을 느낀 보살은 다시 마음을 챙겼습니다. 알라라 깔라마는 싯다르타 보살의 무한한 가능성을 보고 자신과 동등한 위치에서 수행자들을 지도하자고 제안했지만 소용이 없었습니다. 알라라 깔라마의 제안을 정중히 거절하고 싯다르타 보살은 진리를 향해 다시 길을 떠났습니다.

알라라 깔라마의 무소유처정

웨살리에서 알라라 깔라마의 명성은 대단했음. 120살의 경륜이 느껴지는 수행자 알라라 깔라마가 보살을 환대하며, 보살의 질문에 답함.

> 바른 수행으로 지혜를 얻으면 고통의 굴레에서 벗어날 수 있습니다.

하지만 보살의 마음은 시원하지 못했음.
금세 알라라 깔라마가 말한 경지에 도달했기 때문.

> 무소유처정에 들면 모든 것이 평안했습니다.
> 그러나 깨어나면 모든 것은 그 전과 다르지 않았습니다.

알라라 깔라마의 무소유처정으로는 번뇌를 완전히 떨쳐낼 수 없다는 것을 느낀 보살은 다시 마음을 챙겨 구도의 길을 떠나다.

웃다까 라마뿟다의 비상비비상처정

길을 나선 싯다르타 보살은 강가강을 건너 마가다국으로 향했습니다. 마가다국의 도시 라자가하는 새로운 문명이 꿈틀대고 신흥 사상가들이 자유롭게 활동하는 곳으로 유명했습니다. 여기서 보살은 웃다까 라마뿟다를 찾았습니다.

웃다까 라마뿟다는 쟁쟁한 사문들 사이에서도 빛나는 수행자였습니다. 700명이 넘는 제자들과 함께 수행 중인 모습을 보고 보살이 던진 질문에 당당히 대답을 합니다.

"나는 스스로 깨달았으며 사람들에게 모든 고통에서 벗어나는 방법을 가르치고 있습니다. 해탈은 생각이 있는 것도 아니고 없는 것도 아닌 경지인 비상비비상처정(非想非非想處定)을 말합니다. 그것이 곧 모든 고통으로부터의 해탈입니다."

웃다까 라마뿟다의 말을 들은 싯다르타 보살은 수행에 몰입합니다. 보살이 비상비비상처정을 체험하는 데는 그리 오랜 시간이 걸리지 않았습니다. 경험을 해 본 비상비비상처정은 번뇌를 완전히 떨쳐낸 것이 아니었습니다. 그렇지만 웃다까 라마뿟다는 '나는 분명히 알고 있으며, 나는 일체를 이긴 사람'이라고 자부하고 있었습니다.

무소유처는 무념무상의 평온한 상태에 도달한 것을 말합니다. 비상비비상처는 무소유처보다는 한 단계 높은 수준으로 일상적 사고를 모두 초월해 오로지 순수한 사상만 남는 상태입니다. 당시 사상계에서는 비상비비상처를 최고의 삼매로 여기고 있었습니다.

싯다르타 보살은 "당신에게는 아직도 미세한 번뇌가 남아 있지만 스스로 알지 못하고 있다."고 웃다까 라마뿟다에게 일침을 날립니다. 싯다르타 보살이 만난 수행자들은 나름대로 공부의 진전을 이루고 있었지만 그리 만족할 만한 수준은 아니었습니다.

웃다까 라마뿟다의 비상비비상처정

마가다국의 수도엿던 라자가하는 새로운 문명이 꿈틀대고
신흥 사상가들이 자유롭게 활동하는 곳으로 유명함.

쟁쟁한 사문들 사이에서도 빛나는 수행자엿던 웃다까 라마뿟다를 찾아감.

나는 스스로 깨달앗으며 사람들에게 모든
고통에서 벗어나는 방법을 가르치고 있습니다.

웃다까 라마뿟다의 말을 들은 보살은 수행에 몰입.
보살이 비상비비상처정을 체험하는 데는 그리 오랜 시간이 걸리지 않음.
비상비비상처정 또한 번뇌를 완전히 떨쳐낸 것이 아님을 앎.

당신에게는 아직도 미세한 번뇌가 남아 있지만
스스로 알지 못하고 있다.

빔비사라왕과의 만남

싯다르타 보살은 라자가하에서 평생의 후원자가 된 인연을 만납니다. 바로 빔비사라왕입니다. 보살이 라자가하에서 탁발을 위해 거리로 나섰을 때 사람들은 무언가에 홀린 듯 보살을 바라봅니다. 보살의 위의(威儀)를 보고 사람들의 마음에서는 절로 환희심이 솟구쳤습니다.

보살을 본 사람들의 이야기는 왕궁에까지 전해졌습니다. 멀리서 보살의 모습을 지켜보던 빔비사라왕은 궁을 나와 시내로 향했습니다. 사실 빔비사라왕은 싯다르타의 태생부터 현재에 이르기까지의 다양한 소문을 이미 알고 있었습니다. 오래전에 보고를 받았기 때문입니다.

"대왕이시여! 북방의 히말라야 기슭에 사는 사꺄족 왕에게서 아들이 태어났는데 32가지 위인의 특징을 가지고 있다 합니다. 바라문들은 아이가 자라면 전륜성왕이 되거나 출가해서 붓다가 될 것이라고 예언했다 합니다."

라자가하 시내에서 만난 싯다르타 보살은 수행자로서 참으로 위풍당당했습니다. 빔비사라왕은 싯다르타 보살에게 "그대는 누구시오?"라고 물었습니다.

"대왕이시여! 저는 히말라야 태양족의 후예 사꺄족 출신의 싯다르타입니다. 모든 욕망에는 그에 따르는 번뇌가 있음을 알기에 영원한 행복을 찾기 위해 수행자가 되어 여러 스승들을 만나고 있습니다."

빔비사라왕은 싯다르타 보살의 비범함을 한눈에 알아보고 다시 제안을 했습니다.

"싯다르타 보살이시여! 당신께서 만약 부왕을 위해 왕위를 버리고 출가했다면 나는 당신에게 욕락을 누리게 해 줄 것이고 만약 나를 돕는다면 내 마땅히 당신에게 나라의 절반을 주어 다스리게 해 주겠습니다. 이것도 부족하다면 나의 왕위를 드리겠습니다."

빔비사라왕과의 만남

싯다르타 보살은 라자가하에서 평생의 후원자가 된 빔비사라왕을 만남.

멀리서 보살의 모습을 지켜보던 빔비사라왕은 궁을 나와 시내로 향함.
수행자로서 너무나 위풍당당한 싯다르타 보살을 보고 감동한 빔비사라왕.

그대는 누구시오?

대왕이시여! 저는 히말라야 태양족의 후예 사꺄족 출신의 싯다르타입니다. 모든 욕망에는 그에 따르는 번뇌가 있음을 알기에 영원한 행복을 찾기 위해 수행자가 되어 여러 스승들을 만나고 있습니다.

빔비사라왕은 보살의 비범함을 한눈에 알아보고 제안함.

만약 나를 돕는다면 내 마땅히 당신에게 나라의 절반을 주어 다스리게 해 주겠습니다. 이것도 부족하다면 나의 왕위를 드리겠습니다.

빔비사라왕과의 평생 인연

빔비사라왕의 파격적인 제안에 보살은 어떤 동요도 일으키지 않습니다.

"대왕이시여! 당신의 말씀은 정말 고맙습니다. 하지만 저는 이미 사꺄족 왕의 자리를 버리고 출가하였거늘 무엇 때문에 다시 나라를 다스리는 일을 하겠습니까? 또 끊임없는 전쟁으로 수많은 사람들이 죽고 다치게 하겠습니까?

제가 출가 수행자가 된 것은 생로병사의 고통을 끊고 영원한 자유를 구하기 위해서입니다. 결코 세간의 쾌락을 찾고 싶지 않습니다. 제가 여기 라자가하에 온 것은 여기 있는 많은 선인들에게 대해탈의 길을 묻기 위해서입니다. 대왕의 청을 거절한다고 너무 섭섭하게 생각하지는 마십시오."

빔비사라왕은 거듭 싯다르타 보살의 마음을 확인하였습니다. 더 이상 보살에게 정치를 권할 수도 없었습니다. 대신 또 다른 엄청난 제안을 합니다.

"보살이시여! 당신은 반드시 최고의 깨달음인 무상정등정각을 증득해 부처가 되실 것입니다. 부처가 되시면 제게 먼저 가르침을 주십시오. 저는 언제까지나 당신 곁에서 가르침을 배우고 실천하며 공양을 올리겠습니다."

"대왕이시여! 당신의 청정하고 거룩한 서원을 기꺼이 받도록 하겠습니다. 앞으로도 바른 법으로 나라를 다스리시고 백성들을 편안케 하여 주십시오. 이렇게만 하면 대왕도 편안하고 백성들은 더 안락하고 이익된 삶을 살 수 있을 것입니다."

빔비사라왕은 이렇게 싯다르타 보살과 첫 인연을 맺었고, 훗날 부처님의 뛰어난 제자이자 매우 든든한 후원자가 됩니다.

빔비사라왕과의 평생 인연

대왕이시여! 당신의 말씀은 고맙지만, 제가 출가 수행자가 된 것은 생로병사의 고통을 끊고 영원한 자유를 구하기 위해서입니다.

빔비사라왕은 다시한번 싯다르타 보살의 마음을 확인하였다.

보살이시여! 당신은 반드시 최고의 깨달음 무상정등각을 증득해 부처가 되실 것입니다. 부처가 되시면 제게 먼저 가르침을 주십시오. 저는 언제까지나 당신 곁에서 가르침을 배우고 실천하며 공양을 올리겠습니다.

대왕이시여! 당신의 청정하고 거룩한 서원을 기꺼이 받도록 하겠습니다. 앞으로도 바른 법으로 나라를 다스리시고 백성들을 편안케 해 주십시오.

빔비사라왕은 이렇게 싯다르타 보살과 첫 인연을 맺었고 훗날에도 부처님의 뛰어난 제자이자 든든한 후원자가 됨.

6장
수행과 깨달음

극한의 6년 고행 끝에 고행이 바른 수행이 아님을 깨닫고 어릴 적 잠부나무 아래에서 법열法悅을 얻었을 때를 떠올립니다. 바른 깨달음을 이루기 전에는 일어나지 않겠노라는 각오로 핍팔라 나무 아래에서 정진을 이어갑니다. 초선, 2선, 3선, 4선의 경지를 체험하고, 동쪽에서 해가 떠오르는 신새벽에 깨달음은 완성되었습니다.

'나는 가장 높고 바른 깨달음을 성취하였다. 이제 어둠의 세계는 타파되었다. 내 이제 다시는 고통의 수레에 말려들어 가지 않으리. 이제 여래의 세계를 선포하노라!'

고행 끝에 고행

라자가하에서 여러 수행자들과 빔비사라왕을 만난 싯다르타 보살은 수행할 곳을 찾아 떠났습니다. 이제는 스승을 찾기보다 올바른 고행을 통해 깨달을 수 있다는 생각을 하고 있었습니다.

'몸을 제어해 욕락에 탐착하지 않고 마음이 순일해 타오르는 번뇌를 소멸하고 부지런히 고행을 닦아 행하면 곧 스스로 이익이 되고 남에게도 이익이 되는 도를 증득할 수 있으리라.'

그래서 고행 수행을 하는 사람들이 많은 우루웰라의 세나니로 간 것입니다. 싯다르타 보살은 네란자라 강가에 자리를 잡았습니다. 보살을 따르던 다섯 명의 대신들도 함께 했습니다.

싯다르타 보살은 이곳에서 무덤에 버려진 천으로 몸을 감싸거나 걸레로 옷을 만들어 입었습니다. 추위나 더위는 피하지 않고 맞섰습니다. 하루에 한 알의 과일을 먹었지만 나중에는 거의 곡기를 끊다시피 했습니다. 결국 뱃가죽을 만지면 등뼈가 만져지고 몸을 만지면 몸의 털이 말라 떨어질 정도였습니다.

싯다르타 보살은 또 호흡을 멈추는 고행도 시작했습니다. 입과 코를 막아 공기의 출입을 차단했습니다. 극심한 통증이 찾아왔지만 결코 의식을 잃지는 않았습니다.

보살은 고행 중 소변을 보려고 일어섰지만 곧바로 무너졌습니다. 기력이 없으니 스스로 일어날 수 없었던 것입니다. 손발도 마음대로 움직여지지 않았습니다.

이런 보살의 모습을 본 사람들은 "싯다르타는 검둥이였다."고 손가락질했습니다. 또 어떤 사람들은 "싯다르타는 곧 죽을 것이다. 지금 죽지 않아도 7일 이내에 죽을 것"이라고 혀를 찼습니다.

고행 끝에 고행

수행할 곳을 찾아 떠나는 싯다르타 보살
'스승을 찾기보다 올바른 고행을 통해 깨달을 수 있다'는 생각이 듦.

고행 수행자들이 많은 우루웰라의 세나니 네란자라 강가에 자리를 잡음.
추위나 더위는 피하지 않고 맞섬.
하루에 한 알의 과일을 먹었지만 나중에는 거의 곡기를 끊다시피 함.

싯다르타 보살은 또 호흡을 멈추는 고행도 시작함.
극심한 통증이 찾아왔지만 결코 의식을 잃지는 않음.
보살은 고행 중 소변을 보려고 일어섰지만 곧바로 무너짐.

싯다르타는 곧 죽을
것이다. 지금 죽지 않아도
7일 이내에 죽을 것이다.

마라와의 대결

싯다르타 보살은 출가 후 계속해서 고행 수행을 하게 됩니다. 스승을 찾아 나선 뒤 그들의 면목을 알고 홀로 수행을 해 나갑니다.

수행을 할 때마다 악마 마라가 나타납니다. 때로는 달콤한 말로, 또 때로는 떨치기 어려운 유혹으로, 또 때로는 인간성에 호소하며 끊임없이 괴롭힙니다. 보살의 수행을 어떻게든 방해하려 수단과 방법을 가리지 않았습니다.

그럴 때마다 싯다르타 보살은 마라에게 선언합니다. 선전포고를 하는 것입니다.

"나는 차라리 싸워 죽을지언정 패장이 되어 욕된 삶은 살지 않으리라. 명장은 두려움 없이 모든 원적을 깨뜨리나니, 내 이제 목숨을 걸고 너의 군세와 맞서 싸워 기필코 항복 받으리라. 너의 군세 중 제일은 탐욕이요, 둘째는 원망이고, 셋째는 굶주림과 춥고 더운 것이며, 넷째는 애착이고, 다섯째는 권태와 수면이며, 두려움과 공포는 그 다음 여섯째이다. 일곱째 군세는 의심이요, 여덟째는 진에와 분노, 아홉째는 시기와 질투이고, 어리석고 무지함이 열 번째이며, 열한 번째는 교만과 허영이고, 열두 번째는 비난과 질시이다. 마왕이여! 내 이제 너희 군사들을 묘한 지혜의 군사로써 쳐부수어 남김없이 항복 받으리라."

싯다르타 보살의 말씀에는 깨달음을 위해서는 죽음도 두려워하지 않으리라는 결기가 단단히 느껴집니다.

보살의 고행 소식을 들은 슛도다나왕이 의복과 음식을 보냈지만 이 역시 거절합니다.

"부왕의 뜻을 어기고 이렇게 멀리 와서 수행하는 것은 오직 지극한 깨달음을 얻기 위함인데 어찌 호화로운 공양을 받을 수 있겠는가? 공양을 거두어 가거라."

마라와의 대결

출가 후 계속해서 뼈를 깎는 고행 수행을 하는 싯다르타 보살!!!

수행을 할 때마다 악마 마라가 나타나 유혹함.
때로는 달콤한 말로, 또 때로는 떨치기 어려운 유혹으로,
또 때로는 인간성에 호소하며 끊임없이 괴롭힘.

탐욕, 원망, 굶주림과 춥고 더움, 애착, 권태와 수면, 두려움과 공포,
의심, 진에와 분노, 시기와 질투, 어리석고 무지함, 교만과 허영, 비난과
질시 등 수단과 방법을 가리지 않고 보살의 수행을 방해함.

그때마다 싯다르타 보살은 마라에게 선언하다.

마왕이여! 내 이제 너희 군사들을 보매 묘한 지혜의 군사로써 쳐부수어
남김없이 항복 받으리라.

싯다르타 보살의 말씀에서 깨달음을 위해서는 죽음도 두려워하지
않으리라는 단단히 결기가 느껴짐.

새로운 길을 찾아서

극한의 고행이었지만 싯다르타 보살의 눈빛은 형형했습니다. 함께 수행하던 다섯 수행자도 싯다르타의 고행에 감탄하며 어떻게든 곁을 지켰습니다.

그때 마라가 나타났습니다.

"당신의 몸은 이미 죽은 것이나 다름없소. 생명만큼은 유지해야 합니다. 살아 있어야 수행도 할 수 있습니다. 이제 고행을 멈추시오."

어떻게든 보살의 수행을 방해하기 위한 마라의 말과 행동은 집요했습니다. 그러나 보살은 마라의 말을 자르며 단호하게 답했습니다.

"지금 세속의 욕망으로 나의 수행을 부수려 하지만 나의 서원은 결코 허물어지지 않을 것입니다. 나는 이미 죽음의 고통을 보았습니다. 그래서 죽음의 고통을 깨뜨린 지 오래입니다. 비록 모든 중생계가 멸해 없어져도 나의 서원은 결코 멸하지 않을 것입니다. 나는 기필코 마라의 군대를 무너뜨리고 수행의 성취를 맛볼 것입니다."

싯다르타는 출가 후 6년여 간 고행을 이어갔습니다. 하지만 고행이 바른 수행이 되지 못한다는 것을 뒤늦게 깨닫습니다.

'나는 누구보다 심한 고행을 했지만 지혜를 성취하지 못했다. 고행은 깨달음의 원인과 조건이 아니다. 고통으로 고통을 끊고 열반을 이루는 것도 아니다. 깨달음을 가능케 하는 또 다른 수행법도 있을 것이다.'

싯다르타 보살은 출가 전 농경제에 나갔다가 잠부나무 아래에서 법열(法悅)을 얻었을 때를 떠올립니다. '그것이 깨달음에 이르게 하는 길은 아닐까?'라는 생각을 하며 새로운 수행의 길을 찾기 시작합니다.

새로운 수행의 길을 찾아서

당신의 몸은 이미 죽은 것이나 다름없소. 생명만큼은 유지해야 합니다. 살아 있어야 수행도 할 수 있습니다. 이제 고행을 멈추시오.

나는 기필코 마라의 군대를 무너뜨리고 수행의 성취를 맛볼 것입니다.

고행이 깨달음의 원인과 조건이 아님을 깨달은 싯다르타 보살.

깨달음을 가능케 하는 또 다른 수행법이 무엇일까?

어릴 적 농경제에 나갔다가 잠부나무 아래에서 법열(法悅)을 얻었을 때를 떠올리다.

수자따의 우유죽 공양

고행을 포기하기로 한 보살은 몸을 가리던 누더기 대신 묘지 주변에 버려진 옷들을 주워 입었습니다. 이것도 너무 더러워서 먼저 빨아야 했습니다. 강가 빨래터에 나온 여인들이 안쓰러운 눈길로 옷을 빨아 주겠다고 했지만 보살은 정중하게 거절하고 옷을 빨아 입었습니다. 그리고는 다시 강에 들어가 온몸의 때를 씻었습니다. 힘겹게 목욕을 하고 난 뒤 강에서 나올 때도 나뭇가지에 의지해 겨우 땅으로 올라섰습니다. 한 걸음 한 걸음이 고통의 연속이었습니다.

그즈음 장군의 딸 수자따는 꿈을 꿉니다. "수자따여! 세상에서 가장 훌륭하신 분에게 최초의 공양을 올릴 수 있는 기회를 놓치지 말라." 천신의 목소리가 수자따의 귀를 울렸습니다.

수자따는 정성스럽게 소젖을 짜서 쌀과 함께 끓여 죽을 만들었습니다. 죽이 완성되자 깨끗한 발우에 옮겨 담았습니다. 그리고 싯다르타 보살을 기다렸습니다. 보살을 보자마자 꿈에서 신이 말한 수행자임을 알고 다가갔습니다. 무릎을 꿇고 준비했던 우유죽을 올렸습니다. 싯다르타는 맛있게 우유죽을 먹고 기운을 차렸습니다. 얼굴빛도 좋아지고 몸도 균형을 찾기 시작했습니다.

그러나 우유죽을 먹는 것은 숲속 고행자들에게는 있을 수 없는 일이었습니다. 모든 수행자들이 싯다르타 보살에게 손가락질을 했습니다. 가장 실망한 사람들은 바로 항상 곁을 지키던 다섯 명의 수행자였습니다.

"싯다르타가 고행을 하고도 무상의 지혜를 얻지 못하더니 이제는 음식까지 먹는구나. 이제 그는 타락하고 말았구나."

수자따의 우유죽 공양

고행을 포기하기로 한 보살은 몸을 가리던 누더기 대신 묘지 주변에 버려진 옷들을 주워 입고 강에 들어가 온몸의 때를 씻음.
한 걸음 한 걸음이 고통의 연속이었다.

수자따여!
세상에서 가장 훌륭하신 분에게
최초의 공양을 올릴 수 있는
기회를 놓치지 말라.

수자따의 우유죽 공양으로 기운을 차린 싯다르타 보살.
얼굴빛도 좋아지고 몸도 균형을 찾기 시작함.

싯다르타가 고행을 하고도
무상의 지혜를 얻지 못하더니
이제는 음식까지 먹는구나.
이제 그는 타락하고 말았구나.

깨달음을 향한 다짐

우유죽으로 기운을 차린 싯다르타 보살은 깨달음을 이루기 위한 자리를 찾았습니다. 핍팔라 나무가 시원한 바람에 흔들리고 있었습니다. 때마침 보살의 뜻을 알고 제석천왕은 솟띠야라는 청년으로 변해 주변에서 꾸사풀을 베어 정리하고 있었습니다. 꾸사풀은 공작의 깃털처럼 부드럽고 향기로웠습니다.

밝게 빛나는 싯다르타 보살의 눈을 본 솟띠야는 꾸사 여덟 다발을 골라 주었습니다. 보살은 풀을 깔고 나무에 예를 올린 뒤 동쪽을 향해 앉았습니다. 마음을 정리하고 생각에 잠겼습니다.

'내 이제 나와 남의 길하고 상서로움을 구하고자 하는데, 이 청년으로부터 길상함을 얻는구나. 이 길상함이 내 앞에 있으니 내 결정코 무상정등정각(無上正等正覺)을 성취하리라. 비록 내 몸과 살과 피가 마르고 피부와 힘줄과 뼈가 다 마르고 부서지더라도, 내 기필코 무상정등정각을 이루기 전에는 결단코 가부좌를 풀지 않으리라.'

싯다르타 보살은 다짐하고 또 다짐했습니다. 그러나 보살을 따르던 다섯 수행자들은 비난을 멈추지 않았습니다.

"싯다르타는 그처럼 극심한 고행을 했음에도 아직 깨달음을 성취하지 못했거늘 하물며 이제 멋대로 좋은 음식을 먹고 몸을 씻으며 즐거움을 받고자 타락하고서 어찌 깨달음을 얻겠는가? 이제 더 이상 싯다르타 곁에 있을 필요가 없다. 바라나시 녹야원에 훌륭한 고행 선인들이 많이 머무른다고 하니 그리로 가자."

다섯 수행자는 뒤도 돌아보지 않고 바라나시로 떠나버리고 말았습니다.

깨달음을 향한 다짐

우유죽으로 기운을 차린 싯다르타 보살은 깨달음으로 가기 위한 자리를 찾음.

보살의 뜻을 알고 제석천왕은 솟띠야라는 청년으로 변해 주변에서 꾸사풀을 베어 정리하고 있었습니다.

밝게 빛나는 싯다르타 보살의 눈을 본 솟띠야는 꾸사 여덟 다발을 골라주었습니다. 내 이제 나와 남의 길하고 상서로움을 구하고자 하는데, 이 청년으로부터 길상함을 얻는구나.

비록 내 몸과 살과 피가 마르고 피부와 힘줄과 뼈가 다 마르고 부서지더라도, 내 기필코 무상정등정각을 이루기 전에는 결단코 가부좌를 풀지 않으리라.

보살은 그처럼 극심한 고행을 했음에도 아직 깨달음을 성취하지 못했거늘, 하물며 이제 멋대로 좋은 음식을 먹고 몸을 씻으며 즐거움을 받고자 타락하고서 어찌 깨달음을 얻겠는가?

다섯 수행자는 뒤도 돌아보지 않고 바라나시로 떠나버리고 말았습니다.

마라의 극렬 저항

싯다르타 보살은 불퇴전의 수행에 들어갔습니다. 싯다르타 보살의 정진을 보고 하늘과 땅의 모든 신들도 기뻐하며 찬탄했습니다.

그러나 싯다르타 보살의 정진을 결코 환영할 수 없는 한 사람이 있었습니다. 마왕 마라였습니다. 마왕은 그의 모든 권속들을 불러 명령을 내렸습니다.

"싯다르타는 머지않아 무상정등정각을 성취할 것이다. 그러면 나와 우리의 세계는 처참하게 무너지고 말 것이다. 싯다르타가 부처가 된다면 중생들은 모두 그를 믿고 귀의해 우리의 권역을 침범할 것이다. 그래서 우리는 지금부터 움직여야 한다. 부처가 되기 전에 달려가 그의 의지를 꺾고 무너뜨려야 한다. 모두 힘을 합해 어떤 수단과 방법을 가리지 말고 싯다르타를 항복시켜라."

마왕은 갈망 · 증오 · 정욕 세 딸을 보내 싯다르타 보살을 유혹했지만 허사였습니다. 마왕은 다시 그의 군대를 총동원했습니다. 천지는 어둠에 싸이고 요란한 천둥 번개가 계속됐습니다.

싯다르타는 어떤 미동도 없이 수행을 이어갔습니다. 선정에 들어서는 십바라밀을 관하며 고통에 빠져 있는 중생들을 생각했습니다.

"보시 · 지계 · 인욕 · 정진 · 선정 · 지혜 · 방편 · 원 · 력 · 지 등의 십바라밀이 나의 힘 있는 군대이며, 몸을 지키는 보배검이며, 견고한 방패이다."

갖가지 방해 공작이 통하지 않자 마왕은 보살을 깎아내리기 시작했습니다. "6년간 고행을 했어도 깨닫지 못했는데 이제 와서 어떻게 깨달을 수 있겠느냐?"며 수행을 포기할 것을 종용했습니다.

그래도 싯다르타 보살은 "열반을 증득해 부처의 세계에 들어갈 것이다. 그래야 나는 세계의 주인이 될 수 있다."고 맞받았습니다.

마라의 극렬 저항

부처가 되기 전에 달려가 그의 의지를 꺾고 무너뜨려야 한다. 우리 모두 힘을 합해 어떤 수단과 방법을 가리지 말고 싯다르타를 항복시켜라.

싯다르타는 마라의 방해에도 그 어떤 미동도 없이 불퇴전의 수행을 이어감. 선정에 들어서는 십바라밀을 관하며 고통에 빠져 있는 중생들을 생각.

보시·지계, 인욕, 정진, 선정, 지혜, 방편, 원, 력, 지 등의 십바라밀이 나의 힘 있는 군대이며, 몸을 지키는 보배검이며, 견고한 방패이다.

계속되는 공격을 이겨내는 보살

마왕은 다시 부처가 아닌 전륜성왕이 될 것을 권하며 말을 바꿔 공격을 이어 갑니다.

"보살이여! 이렇게 수행하는 것은 몸만 버리는 일이다. 이미 보살의 몸은 피폐해졌다. 이제라도 몸을 간수해 이곳을 떠나라. 부왕 슛도다나왕과 어머니 마하빠자빠띠, 그리고 부인 야소다라와 아들 라훌라가 있는 곳으로 가서 왕이 되어야 한다. 그러면 사꺄족의 모든 사람들까지 당신을 환영할 것이고 머지않아 전륜성왕이 될 것이다. 당장 자리를 박차고 일어나라."

"전륜성왕이 되겠다는 생각은 이미 오래 전에 버렸소. 밥을 먹다 뱉으면 다시 먹지 않듯이 나 역시 전륜성왕을 결코 생각한 적이 없다네. 하하."

또 한 번의 공격이 실패하자 마왕은 마지막 카드로 자신의 지위와 권능을 양도하겠다고 선언합니다.

"보살이여! 만약 그대가 인간세계의 향락에 불만이 있다면 나와 함께 하늘 세계의 나의 궁전으로 가는 것이 어떤가? 내가 다섯 가지 욕망의 도구와 나아가 나의 하늘의 지위도 모두 버리고 그것들을 모두 그대에게 주리라."

이 제안 역시 어림없었습니다.

"나는 수많은 전생을 거쳐 오며 생명을 살리는 보살행을 하였다. 나의 공덕을 땅의 신이 증명해 줄 것이다."라며 손가락으로 땅을 가리키자 땅의 신이 일어나 보살의 헤아릴 수 없는 엄청난 공덕을 우레와 같은 큰 소리로 증명하기 시작했습니다.

마왕 마라와 그의 군대는 이 소리와 자신들이 감히 넘볼 수 없는 엄청난 공덕에 놀라 모두 도망가기 바빴습니다. 마왕 일당은 그렇게 싯다르타 보살에게 패망하고 말았습니다. 싯다르타 보살은 마왕을 물리치고 내면의 모든 욕망을 걷어냈습니다. 번뇌를 부숴버리고 깊은 선정에 들었습니다.

계속되는 공격을 이겨내는 보살

"보살이여! 이렇게 수행하는 것은 몸만 버리는 일이다. 이미 보살의 몸은 피폐해졌다. 이제라도 몸을 간수해 이곳을 떠나라."

"밥을 먹다 뱉으면 다시 먹지 않듯이 나 역시 전륜성왕을 결코 생각한 적이 없다네."

또 한 번의 공격이 실패하자 마왕은 마지막 카드로 자신의 지위와 권능을 양도하겠다고 선언함.

"보살이여! 만약 그대가 인간세계의 향락에 불만이 있다면 나와 함께 하늘 세계의 나의 궁전으로 가는 것이 어떤가?"

싯다르타 보살의 마음이 확인되는 순간 삼천대천세계는 진동하고 하늘이 무너지는 소리가 울림.

보살에서 부처님으로

싯다르타 보살은 핍팔라 나무 아래에서 정진을 이어갑니다. 곧이어 감각적인 욕망에서 멀리 떠나는 희열과 행복감이 있는 초선을 성취하고 거친 사유가 없고 미세한 사유도 없는 마음집중에서 생긴 희열과 행복감이 있는 제2선을 맛보게 됩니다.

계속해서 평온함과 마음챙김을 지니고 행복감에 머무는 제3선과 행복감을 떠나고 괴로움도 떠나고 평온에 의한 마음챙김의 청정함이 있는 제4선의 경지를 체험하게 됩니다.

보살은 여기서 그치지 않습니다. 초저녁에 마음을 자유자재로 움직여 자기와 다른 중생들의 무수한 과거를 아는 숙명통(宿命通)을 얻습니다. 사람들은 자신이 지은 업대로 즐거움과 괴로움의 과보를 받고 있습니다.

이어서 한밤중에 맑은 거울에 비친 자신의 얼굴을 들여다보듯 중생계의 죽고 태어나는 모습을 낱낱이 아는 천안통(天眼通)을 얻었습니다. 그리고 마지막으로 모든 고통과 더러움이 사라지는 누진통(漏盡通)을 얻게 됩니다.

순식간에 깨달음은 이뤄졌습니다. 새벽 시간 동쪽에서 해가 떠오를 때쯤 깨달음은 완성되었습니다.

'나는 가장 높고 바른 깨달음을 성취하였다. 이제 어둠의 세계는 타파되었다. 내 이제 다시는 고통의 수레에 말려들어 가지 않으리. 이제 여래의 세계를 선포하노라!'

이 땅에 오신 지 35년, 출가하여 수행 정진하신 지 6년 만인 기원전 589년 12월 8일, 싯다르타 보살은 우리들의 부처님이 되었습니다.

보살에서 부처님으로

싯다르타 보살은 핍팔라 나무 아래에서 정진을 이어감.

감각적인 욕망에서 멀리 떠나는 희열과 행복감이 있는 초선을 성취하고, 거친 사유가 없고 미세한 사유도 없는 마음집중에서 생긴 희열과 행복감이 있는 제2선, 평온함과 마음챙김을 지니고 행복감에 머무는 제3선과 행복감을 떠나고 괴로움도 떠나고 평온에 의한 마음챙김의 청정함이 있는 제4선의 경지를 체험하게 됨.

자기와 다른 중생들의 무수한 과거를 아는 숙명통(宿命通)을 얻음. 사람들은 자신이 지은 업대로 즐거움과 괴로움의 과보를 받고 있습니다.

중생계의 죽고 태어나는 모습을 낱낱이 아는 천안통(天眼通)과 모든 고통과 더러움이 사라지는 누진통(漏盡通)을 얻음.

순식간에 깨달음이 이뤄져 싯다르타 보살은 우리들의 부처님이 되다.

"내 이제 다시는 고통의 수레에 말려들어 가지 않으리. 이제 여래의 세계를 선포하노라!"

위대한 승리

싯다르타 보살이 부처님이 되시는 순간 온 세계가 진동했습니다. 그 모습은 꽃으로 된 거대한 공이 날아오르는 것 같았고 잘 정돈된 꽃침대와 같았습니다. 세계의 모든 꽃나무들은 계절과 상관없이 동시에 꽃을 피웠습니다. 또 계절과 상관없이 모든 과일나무들은 열매를 맺었습니다. 심지어 허공에 있어 보이지 않는 식물들에서도 꽃이 올라왔고 허공에 있는 나무에서도 과일이 주렁주렁 매달렸습니다.

천신들 역시 부처님이 깨달으신 보리수 나무 아래로 몰려왔습니다. 그리고는 부처님을 찬탄하는 노래를 불렀습니다. 삼천대천세계를 비추는 빛을 따라온 수많은 보살들 역시 부처님 주변을 에워쌌습니다. 환희심에 넘쳐 새로 출현하신 부처님을 찬탄하고 또 찬탄했습니다.

축하 인파 속 눈에 띄는 존재도 보입니다. 부처님의 수행을 막고 성도를 방해했던 마왕 마라와 그 무리였습니다. 썩 내키지는 않았을 텐데 그래도 부처님 되심에 박수를 보냈습니다. 부처님은 다시 한 번 생각했습니다.

'나는 진실로 이 엄청난 윤회의 고통에서 해탈했다. 나는 진실로 무상정등각자이자 삼계의 스승이라는 고귀한 지위를 성취했다. 나는 진실로 위대한 승리를 이루었다.'

그리고 게송을 읊었습니다.

'여러 생을 윤회하며 떠도는 동안 집 짓는 자를 찾았지만 발견하지 못했었네.

그리하여 괴로운 생이 거듭되었네.

나는 집 짓는 너를 보았으니 너는 다시는 집을 지을 수 없네.

모든 서까래는 부서졌고 집을 지은 행작에서 벗어났으니

행작에서 벗어난 경지에 도달한 마음은 갈애의 멸진에 이르렀네.'

위대한 승리

싯다르타 보살이 부처님이 되시는 순간 온 세계가 진동했다.

세계의 모든 꽃나무들은 계절과 상관없이 동시에 꽃을 피우고 모든 과일나무들은 열매를 맺음.

천신들 역시 부처님이 깨달으신 보리수 나무 아래로 몰려오고, 삼천대천세계를 비추는 빛을 따라온 수많은 보살들 역시 부처님 주변을 에워쌌다.

나는 진실로 이 엄청난 윤회의 고통에서 해탈했다. 나는 진실로 무상정등각자이자 삼계의 스승이라는 고귀한 지위를 성취했다. 나는 진실로 위대한 승리를 이루었다.

49일간 누린 기쁨

부처님은 보리수 아래에서 7일간 계시며 해탈의 즐거움을 누리셨습니다. 마지막 날에는 일어나고 사라지는 것들을 그대로 명료하게 보셨습니다. 두 번째 칠일에는 바라문이 다가와 바라문의 특징에 대해 묻기도 합니다.

네 번째 칠일에는 마라가 나타나 부처님의 길을 막으려 합니다.

"보살이여! 이제 부처님이 되셨으니 편안하게 열반에 드소서. 지금이 딱 적기입니다. 열반에 드소서! 열반에 드소서!"

다섯 번째 칠일에는 폭풍우가 몰아쳤습니다. 그때 용왕이 나타났습니다. 용왕은 부처님의 온몸을 감싸고 버텼습니다. 거센 비바람은 용왕의 벽을 넘지 못했고 이내 폭풍우는 잦아들었습니다.

여섯 번째 칠일에는 따뿌사와 발리까라는 두 상인이 부처님 근처를 지나게 되었습니다. 오백 대의 수레를 맨 앞에서 끌던 소 두 마리가 갑자기 멈추어 움직이질 않았습니다. 이를 이상히 여긴 두 상인이 앞으로 나왔다가 숲속에서 별처럼 빛나는 부처님을 봤습니다. 두 상인은 예의를 갖춰 말씀을 올렸습니다.

"부처님이시여! 저희가 올리는 곡물 가루와 꿀을 받아 주소서!"

부처님은 수자따의 우유죽 공양 이후 두 번째 공양을 받았습니다.

일곱 번째 칠일에는 범천의 권청을 받게 됩니다. 범천의 권청 이전에 부처님은 '이 법은 심히 깊고 미묘해 알기가 어렵다. 오직 부처님만이 알 수 있을 뿐 세간의 일체 중생은 탐·진·치에 가리고 묶여 지혜가 없기 때문에 나의 법을 알리기 어렵다.'는 생각을 하고 있었습니다.

49일간 누린 기쁨

부처님은 보리수 아래에서 7일간 계시며 해탈의 즐거움을 누리시다.
마지막 날에는 일어나고 사라지는 것들을 그대로 명료하게 보시다.

네 번째 칠일에는 마라가 나타나 부처님의 길을 막기 위해
"보살이여! 이제 부처님이 되셨으니 편안하게 열반에 드소서. 지금이 딱 적기입니다.
열반에 드소서! 열반에 드소서!"라고 권함.

다섯 번째 칠일에는 폭풍우가 몰아치자 용왕이 부처님의 온몸을 감싸고 버티다.

여섯 번째 칠일에는 따뿌사와 발리까라는 두 상인이 부처님 근처를 지나다가 공양 올림
"부처님이시여! 저희가 올리는 곡물 가루와 꿀을 받아 주소서!"

일곱 번째 칠일에는 범천의 권청을 받은 부처님의 일성

"이 법은 심히 깊고 미묘해 알기가 어렵다. 오직 부처님만이 알 수 있을 뿐 세간의
일체 중생은 탐진치에 가리고 묶여 지혜가 없기 때문에 나의 법을 알리기 어렵다."

7장
전법의 길

부처님은 중생에게 진리의 법을 알려 주시기 위해 작열하는 인도의 뙤약볕이나 그 머나먼 길을 마다않고 걷고 또 걸었습니다. 수많은 날을 길 위에서 보내시는 부처님, 부처님은 길 위에서 사람들을 만나고 길 위에서 법을 펼치셨습니다. 부처님이 곧 길이고, 길이 곧 부처님이었습니다.

범천의 권청

부처님의 마음을 읽은 제석천이 급히 나타나 간청을 올립니다.

"마왕 마라의 군대를 쳐부순 그 마음은 월식을 벗어난 보름달과 같이 청정하기 그지없습니다. 부처님이시여! 오직 원컨대 중생을 위해 속히 일어나소서. 지혜의 광명으로 세간의 어둠을 물리쳐 중생을 청정케 하여 주시옵소서."

부처님은 주저했습니다. 이번에는 대범천왕이 나타났습니다. 오른쪽 어깨를 드러내고 오른쪽 무릎을 땅에 대고 합장 공경한 후 말씀을 올렸습니다.

"부처님이시여! 참을 수 없는 고통을 받으시며 도를 구하신 것은 오로지 중생을 위하는 자비심에서 나온 것이었습니다. 지금 부처님께서는 비로소 위없는 도를 이루셨는데 어찌하여 침묵을 지키며 법을 설하지 않으십니까? 중생들은 오랜 세월 동안 생사고해의 수렁에 빠지고 무명의 암흑 속에 떨어져 있어 뛰쳐나올 기약이 없습니다. 그러나 많은 중생 가운데는 지나간 세상에 선한 벗을 친하고 가까이하여 덕의 바탕을 쌓은지라 부처님의 법을 듣고 받아 지닐 만한 사람도 많이 있습니다. 세존이시여! 오직 원컨대 부디 이들을 위해 큰 자비심으로 미묘한 법의 바퀴를 굴려주소서."

대범천왕의 말을 듣고 부처님은 불안(佛眼)으로 세상을 보셨습니다. 그리고 중생을 위해 설법하실 것을 결심하셨습니다. 이때 마왕 마라가 다시 나타나 "혼자 법열을 즐기다 열반에 드는 것이 좋다."며 방해공작을 펴기도 했습니다.

이윽고 부처님께서는 권청했던 여러 범천과 세상을 향해 말씀하셨습니다.

"내 이제 감로의 문을 여나니 귀 있는 자는 들어라! 기꺼이 법을 설하리라!"

범천의 권청

부처님의 마음을 읽은 제석천이 급히 나타나 간청했다.

부처님이시여!
오직 원컨대 중생을 위해 속히 일어나소서.
지혜의 광명으로 세간의 어둠을 물리쳐 중생을 청정게
하여 주시옵소서. 중생들은 오랜 세월 동안 생사고해의
수렁에 빠지고 무명의 암흑 속에 떨어져 있어 뛰쳐나올
기약이 없습니다. 세존이시여! 오직 원컨대 부디
이들을 위해 큰 자비심으로 미묘한 법의
바퀴를 굴려주소서.

혼자 법열을 즐기다 열반에 드는 것이 좋다.

내 이제 감로의 문을 여나니 귀 있는 자는 들어라!
기꺼이 법을 설하리라!

전법의 길

전법을 결심하신 부처님은 누구에게 먼저 감로법을 설하실지를 생각하셨습니다. 출가 초기 찾아갔던 두 바라문이 먼저 생각났습니다. 알라라 깔라마와 웃다까 라마뿟다였습니다.

'알라라와 웃다까는 비록 무명의 티끌과 번뇌의 때가 조금 있긴 하지만 지혜와 총명함이 있으니 내가 법을 설하면 능히 알아들을 것이다.'

그때 천인이 나타나 소식을 전했습니다.

"웃다까는 일주일 전에 세연을 다했습니다. 알라라도 간밤에 죽었습니다."

"아! 안타깝구나. 이 좋은 법을 듣고 깨우치면 영원한 자유를 얻었을 것인데 마음이 아프구나."

부처님은 전에 함께 고행했던 다섯 수행자를 생각했습니다. 천안(天眼)으로 살펴보니 그들은 바라나시 녹야원에서 정진하고 있었습니다. 그래서 그리로 출발했습니다. 녹야원으로 가는 도중 부처님은 가야에서 우빠까라는 브라만을 만났습니다.

"당신은 누구를 따라 출가했으며 누구를 스승으로 삼아 가르침을 받고 있습니까?"

"나에게는 스승도 없고 스승 될 사람도 없다. 나는 무상정등정각(無上正等正覺)을 성취했으니 바로 내가 붓다이다."

우빠까는 부처님의 진실한 말씀을 알아듣지 못했습니다. "미혹의 어둠 속에서 헤매는 중생들을 위해 진리의 법을 설하려 한다."는 부처님을 눈앞에서 놓쳤습니다. 우빠까는 바라나시로 간다는 부처님의 반대 방향으로 떠나버렸습니다. 부처님을 만나 법을 배우고 깨달음을 처음으로 성취할 수 있는 인연을 피해버린 것입니다. 쉽게 만날 수도 있지만 눈앞에서 놓칠 수 있는 것이 바로 인연(因緣)입니다.

전법의 길

전법을 결심하신 부처님, 누구에게 먼저 감로법을 설하실지를 생각했다.
부처님은 전에 함께 고행했던 다섯 수행자를 떠올렸다. 천안(天眼)으로
살펴보니, 바라나시 녹야원에서 정진하고 있었다.
가야에서 만난 우빠까라는 브라만의 질문

당신은 누구를 따라 출가했으며 누구를 스승으로 삼아
가르침을 받고 있습니까?

나에게는 스승도 없고 스승 될 사람도 없다.
나는 무상정등정각(無上正等正覺)을 성취했으니 바로 내가 붓다이다.

부처님의 말씀을 알아듣지 못한 우빠까는 부처님을 만나 법을 배우고
깨달음을 처음으로 성취할 수 있는 인연을 놓침.
쉽게 만날 수도 있지만 눈앞에서 놓칠 수도 있는 것이 바로 인연(因緣)

뱃사공의 실수

부처님은 계속 길을 재촉했습니다. 가야에서 서북쪽 로히따왓뚜, 아날라, 사라티뿌라를 거쳐 강가에 도착했습니다. 갠지스강이었습니다. 부처님은 뱃사공에게 강을 건너자고 말했습니다. 뱃사공은 퉁명스럽게 말을 받습니다.

"뱃삯을 내셔야 합니다. 그렇지 않으면 저는 노를 저을 수 없습니다."

"보시다시피 제가 가진 것이 없습니다. 제가 당신에게 드릴 돈이 따로 없습니다."

"그러면 태워 드릴 수 없습니다."

부처님은 눈 깜짝할 사이에 허공을 날아 강을 건넜습니다. 이를 본 뱃사공은 그만 기절하고 말았습니다. 한참 뒤 깨어난 뱃사공은 부처님을 알아보지 못한 자신을 부끄러워했습니다.

이렇게 부처님은 강을 건너 세상 속으로 나오셨습니다. 출가할 때 성문을 나와 강을 건너 수행자의 길에 들어섰듯이 다시 강을 건너 중생 곁으로 오신 것입니다. 뱃사공이 뱃삯 문제로 부처님께 큰 결례를 범했다는 사실은 안 빔비사라왕이 훗날 수행자들이 강을 건널 때는 뱃삯을 받지 못하도록 조치하였습니다.

부처님은 우루웰라에서 바라나시까지 직선거리 200km가 넘는 거리를 걸어서 가셨습니다. 또 갠지스강을 건너기까지 했습니다. 그 먼 길을 마다하지 않은 것은 오로지 중생을 위해서였습니다. 진리의 법을 알려 주시기 위해 걷고 또 걸었습니다. 부처님은 앞으로도 수많은 날을 길 위에서 보내십니다. 길 위에서 사람들을 만나고 길 위에서 법을 펼치셨습니다. 부처님이 곧 길이고, 길이 곧 부처님이었습니다.

뱃사공의 실수

강을 건너자고 말하는 부처님께
"삯을 내셔야 합니다. 그렇지 않으면 저는 노를 저을 수 없습니다."라고 말한 뱃사공

눈 깜짝할 사이에 허공을 날아 강을 건너신 부처님!
한참 뒤 깨어난 뱃사공은 부처님을 알아보지 못한 자신을 부끄러워함.

뱃사공이 뱃삯 문제로 부처님께 큰 결례를 범했다는 사실을 안 빔비사라왕이
훗날 수행자들이 강을 건널 때는 뱃삯을 받지 못하도록 조치함.

출가할 때 성문을 나와 강을 건너 수행자의 길에 들어섰듯이 다시 강을 건너
중생 곁으로 오신 부처님!

오로지 중생을 위해서 진리의 법을 알려주시기 위해
먼 길을 마다하지 않으시고 걷고 또 걸으심.
부처님이 곧 길이고, 길이 곧 부처님!

다섯 수행자들과의 만남

부처님은 바라나시에 도착해 걸식으로 밥을 얻은 뒤 물가에서 공양을 하셨습니다. 그리고 다시 녹야원으로 가셨습니다. 멀리서 부처님이 모습을 나타내자 다섯 수행자들이 단번에 알아보았습니다.

"저기 오는 자는 싯다르타 아닌가? 우리 서로 약속하자. 싯다르타가 이쪽으로 오더라도 결코 먼저 인사를 하거나 자리를 권하지 말자. 그는 타락한 수행자일 뿐이다."

부처님은 다섯 수행자의 마음을 읽었지만 망설이지 않았습니다. 가까이 다가올수록 느껴지는 부처님의 위의(威儀)에 압도되고 눈부시게 빛나는 부처님의 모습에 저절로 고개가 숙여졌습니다. 결국 그들은 부처님을 환영하러 나아갔습니다. 한 명은 부처님 손에 있던 발우를 받아들었고, 한 명은 자리를 준비했습니다. 한 명은 마실 물을 준비했고, 한 명은 넓은 판자를 깔았으며, 한 명은 부처님의 발을 씻겨 드릴 물이 담긴 항아리를 준비했습니다.

부처님은 자리에 앉아 발을 씻었습니다. 다섯 수행자는 부처님께 적당한 예를 갖추긴 하였지만, 그래도 자신들과 동급인 싯다르타일 뿐이었습니다.

"고따마 싯다르타여! 그대는 위없는 깨달음을 얻었습니까?"

"다섯 수행자여! 그대들은 나를 고따마 싯다르타라 부르지 말라. 또 벗이라고도 부르지 말라! 나는 진실로 바르고 원만하게 깨달은 붓다, 부처이다. 나는 불사의 열반을 성취했노라. 나는 너희들에게 법을 설할 것이다. 나의 가르침에 따라 수행한다면 너희들은 바로 이 자리에서 아라한과를 증득할 것이다."

다섯 수행자들과의 만남

다섯 수행자들이 부처님을 단번에 알아보고 서로 다짐함.

"저기 오는 자는 싯다르타 아닌가? 우리 서로 다짐하자. 싯다르타가 이쪽으로 오더라도 결코 먼저 인사를 하거나 자리를 권하지 말자. 그는 타락한 수행자일 뿐이다."

가까이 다가올수록 느껴지는 부처님의 위의(威儀)에 압도되고 눈부시게 빛나는 부처님의 모습에 저절로 고개가 숙여짐. 결국 그들은 부처님을 환영하러 나아감.

"고타마 싯다르타여! 그대는 위없는 깨달음을 얻었습니까?"
"나는 진실로 바르고 원만하게 깨달은 붓다, 부처님이다.
나는 불사의 열반을 성취했노라."

나는 너희들에게 법을 설할 것이다.

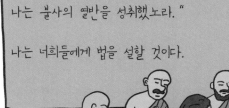 

초전법륜, 부처님이 깨달은 것들

부처님은 다섯 수행자들에게 당신이 깨달은 법을 설하기 시작했습니다.

"수행자에게는 반드시 버려야 할 두 가지가 있다. 첫째는 마음의 욕망에 집착해 쾌락에 빠지는 것이다. 또 하나는 스스로를 괴롭히는 고행이다. 고행은 출가의 목적과 수단을 바꾸는 것으로 몸과 마음이 모두 괴로울 뿐 하나의 이익도 없다. 이 두 가지는 절대 깨달음의 원인이 될 수 없다. 수행자들이여, 나는 이 두 가지를 버리고 중도(中道)의 길을 깨달았다."

부처님은 중도의 구체적인 길로 팔정도(八正道)에 대한 법문을 이어갑니다.

"중도는 여덟 가지의 성스러운 길을 말한다. 팔정도란 정견 · 정사유 · 정어 · 정업 · 정명 · 정념 · 정정진 · 정정을 말하는 것으로 바른 견해, 바른 관찰, 바른 말, 바른 행위, 바른 생활, 바른 노력, 바른 집중, 바른 마음의 통일이 바로 그것이다. 이 중도와 팔정도는 모든 것을 바르게 보고 바르게 알게 하는 것이니 큰 지혜를 얻게 하는 지름길이다."

부처님은 또 고집멸도(苦集滅道)의 네 가지 거룩한 진리인 사성제에 대해서도 설명하십니다.

"수행자들이여! 괴로움이라고 하는 진리가 있다. 우리의 인생 전부는 괴로움이다. 수행자들이여! 괴로움이 생기는 원인을 말하는 진리가 있다. 모든 것에 집착하는 애욕과 갈망이 곧 괴로움의 원인이다. 수행자들이여! 괴로움이 소멸된 진리가 있다. 갈애를 남김없이 없애버리고 갈애에서 벗어나 집착하지 않는 것이다. 수행자들이여! 괴로움을 소멸시키는 길인 진리가 있다. 그것은 앞에 말한 여덟 가지 거룩한 실천이다."

초전법륜, 부처님이 깨달은 것들

"수행자들이여 나는 이 두 가지를 버리고 중도(中道)의 길을 깨달았다. 첫째는 마음의 욕망에 집착해 쾌락에 빠지는 것이다. 또 하나는 스스로를 괴롭히는 고행이다. 이 두 가지는 절대 깨달음의 원인이 될 수 없다.

팔정도란 바른 견해, 바른 관찰, 바른 말, 바른 행위, 바른 생활, 바른 노력, 바른 집중, 바른 마음의 통일이 바로 그것이다.

중도와 팔정도는 모든 것을 바르게 보고 바르게 알게 하는 것이니 큰 지혜를 얻게 하는 지름길이다.

우리의 인생 전부는 괴로움이다.
모든 것에 집착하는 애욕과 갈망이 곧 괴로움의 원인이다.
괴로움을 소멸시키는 길인 진리가 있다.
그것은 앞에 말한 여덟 가지 거룩한 실천이다."

아라한이 된 다섯 수행자

부처님의 말씀은 끝없이 이어졌습니다.

"내가 사성제(四聖諦)를 깨닫지 못했다면 모든 하늘의 신과 인간들 가운데서 가장 높고 바른 깨달음을 얻었다고 말할 수 없었을 것이다. 이것을 깨달았기에 나는 흔들림 없는 부처가 되었다."

부처님의 말씀을 듣고 꼰단냐는 눈이 맑아지고 가슴이 시원해졌습니다. 그리고 외쳤습니다. "이제 알겠습니다!"

"법을 알겠는가?"

"알겠습니다! 위대한 부처님!"

부처님은 꼰단냐의 표정과 말과 몸짓을 보고 깨달았다는 것을 알았습니다. 꼰단냐가 부처님 발아래로 다가가 예를 갖추며 말씀을 올립니다.

"부처님이시여! 제가 부처님의 제자가 될 수 있도록 구족계를 받는 것을 허락하여 주소서!"

"오라, 비구여! 이제 나의 가르침을 받아 온갖 괴로움에서 벗어날 것이다."

이 광경을 지켜보던 하늘과 땅의 모든 신들도 함께 기뻐했습니다. 그리고 찬탄했습니다. "부처님께서 이곳 바라나시 녹야원에서 드디어 법의 바퀴를 굴리셨다. 그 누구도 할 수 없는 바른 법을 펼치신 것이다."

꼰단냐는 나머지 네 명의 도반을 위해 대신 탁발을 해 왔습니다. 부처님께서는 쉬지 않고 네 수행자에게 법을 설했습니다. "저도 알았습니다." "저도 알았습니다." 왑빠와 밧디야가 연이어 법의 눈을 떴고 마하나마와 앗사지도 소리쳤습니다.

부처님은 마침내 "이 세상에는 여섯 명의 아라한이 존재한다."고 강조하셨습니다. 이렇게 불법승(佛法僧) 삼보가 완성되었습니다.

아라한이 된 다섯 수행자

부처님께서 바라나시 녹야원에서 드디어 법의 바퀴를 굴리셨다.

나는 흔들림 없는 부처가 되었다. 내가 사성제(四聖諦)를 깨닫지 못했다면 모든 하늘의 신과 인간들 가운데서 가장 높고 바른 깨달음을 얻었다고 말할 수 없었을 것이다.

 부처님이시여! 제가 부처님의 제자가 될 수 있도록 구족계를 받는 것을 허락하여 주소서!

오라, 비구여! 이제 나의 가르침을 받아 온갖 괴로움에서 벗어날 것이다.

왑빠와 밧디야가 연이어 법의 눈을 떴고 마하나마와 앗사지도 소리쳤다. 부처님께서는 "이 세상에는 여섯 명의 아라한이 존재한다."고 인가함으로써 불법승(佛法僧) 삼보가 완성되다.

중도

여기서 부처님께서 다섯 비구에게 설한 중도(中道), 팔정도(八正道), 사성제(四聖諦)에 대해 한 번 더 짚어야 합니다. 부처님께서 깨달은 내용이 이것이고, 그래서 처음 설한 가르침도 이 세 가지입니다. 그래서 중도, 팔정도, 사성제는 불교의 핵심 가르침이 되었습니다.

부처님께서 오비구에게 처음 중도를 말씀하셨습니다. 흔히 말하는 고락(苦樂) 중도입니다. '고행과 쾌락을 떠난 중도, 고행과 쾌락을 초월한 중도'라고 할 수 있습니다.

"두 가지 극단은 무엇인가? 하나는 욕망이 이끄는 대로 관능의 쾌락에 빠지는 것이다. 그것은 천박하고 저속하며 어리석고 무익하다. 또 하나는 자기 자신을 괴롭히는 것이다. 이 고행이라는 것은 고통만 남길 뿐 백해무익하다."

그러면서 부처님은 "여래는 이 두 가지 극단을 버리고 중도를 깨달았다."고 강조하셨습니다.

이것이 바로 부처님의 '중도대선언'입니다. 앞서 본 것처럼 부처님은 싯다르타 시절 부왕 숫도다나왕의 지독한 경계 속에서 살았습니다. 아들의 출가가 두려웠던 부왕은 온갖 쾌락을 탐닉할 수 있는 여러 장치를 두었습니다. 쾌락을 탈출한 싯다르타 보살은 고행에 집착했습니다. 6년간의 고행은 허무함 그 자체였습니다. 고와 락을 뛰어넘어 부처님은 깨달음에 이르렀습니다.

부처님은 여기서 한 발짝 더 나아갑니다. "중도는 양극단에 집착하지도 않고 중간에도 집착하지 않는다."

극단이 있다고 해서 중간이 중도가 아닙니다. 극단도 아니고 중간도 아닙니다. 모든 것을 아우르고 모든 것을 뛰어넘는 것이 중도입니다.

중도(中道)

고행과 쾌락을 떠난 중도, 고행과 쾌락을 초월한 중도'라고 할 수 있다. 두 가지 극단은 무엇인가? 하나는 욕망이 이끄는 대로 관능의 쾌락에 빠지는 것이다. 그것은 천박하고 저속하며 어리석고 무익하다. 또 하나는 자기 자신을 괴롭히는 것이다. 이 고행이라는 것은 고통만 남길 뿐 백해무익하다. 중도는 양 극단에 집착하지도 않고 중간에도 집착하지 않는다.

모든 것을 아우르고 모든 것을 뛰어넘는 것이 중도!

팔정도

중도의 구체적 실천방법으로 부처님은 팔정도를 말씀하셨습니다.

"수행자들이여! 중도란 무엇인가? 그것은 지혜롭고 성스러운 팔정도다. 정견(正見) · 정사유(正思惟) · 정어(正語) · 정업(正業) · 정명(正命) · 정정진(正精進) · 정념(正念) · 정정(正定)이 바로 그것이다.

수행자들이여! 나는 옛사람들이 깨달음의 길을 갔던 것처럼 나도 깨달음의 아름다운 옛길을 발견했다. 그것은 바로 성스러운 여덟 개의 바른 길이다. 이것을 팔정도라 한다. 제자들이여! 나는 그 길을 따라가서 인간의 늙음과 죽음을 알게 되었으며 늙음과 괴로움이 어디서 오는가를 알게 되었다.

또한 어떻게 늙음과 죽음을 극복할 수 있는지를 알게 되었다. 나는 그것을 알게 되자 많은 제자들에게 이렇게 가르쳤다. 팔정도, 이 길은 많은 사람들에 의해서 널리 퍼지고 번성해서 오늘에 이른 것이다."

특히 주목할 것은 탐 · 진 · 치 삼독(三毒)을 계 · 정 · 혜(戒定慧) 삼학(三學)으로 치료한다는 것입니다. 삼학의 사용설명서가 바로 팔정도입니다. 팔정도 가운데 정어 · 정업 · 정명은 계를 통해, 정념 · 정정은 정을 통해, 정견 · 정사유 · 정정진은 혜를 통해 실현할 수 있습니다.

팔정도를 통해서 번뇌와 집착을 버리고 열반으로 가야 합니다. 부처님의 양모인 마하빠자빠띠가 깨달음을 얻고 난 뒤 회고했습니다. "나는 팔정도를 통해서 번뇌와 집착을 소멸했고 부처님의 교법은 내 몸에 실현이 되었다."

팔정도를 가볍게 보시면 안 됩니다. 팔정도로 깨달음에 이를 수 있습니다.

팔정도(八正道)

수행자들이여! 중도란 무엇인가?
그것은 지혜롭고 성스러운 팔정도다. 팔정도,
이 길은 많은 사람들에 의해서 널리 퍼지고 번성해서
오늘에 이른 것이다. 나는 그 길을 따라가서 인간의
늙음과 죽음을 알게 되었으며 늙음과 괴로움이
어디서 오는가를 알게 되었다. 또한 어떻게 늙음과
죽음을 극복할 수 있는자를 알게 되었다.

탐진치 삼독(三毒)을 계정혜(戒定慧) 삼학(三學)으로 치료한다는 것.
삼학의 사용설명서가 바로 팔정도.

나는 팔정도를 통해서 번뇌와 집착을 소멸했고 부처님의
교법은 내 몸에 실현이 되었다.

팔정도로 깨달음에 이를 수 있다.

사성제

부처님은 중도와 팔정도에 이어 사성제에 대하여 설하셨습니다.

"수행자들이여! 사성제가 있다는 것을 알아야 한다. 이 넷은 어떤 것인가? 괴로움이라는 진리(苦諦), 괴로움의 발생이라는 진리(集諦), 괴로움의 소멸이라는 진리(滅諦), 괴로움의 소멸에 이르는 길이라는 진리(道諦)이다.

어떤 것이 괴로움이라는 진리인가? 태어나는 괴로움, 늙는 괴로움, 병드는 괴로움, 죽는 괴로움, 근심하고 슬퍼하고 걱정하는 괴로움 등 헤아릴 수 없이 많고, 미워하는 사람과 만나야 하는 괴로움, 사랑하는 이와 헤어져야 하는 괴로움, 구해도 얻지 못하는 괴로움이다. 간단히 말해, 오음(五陰)에 탐욕과 집착이 번성하므로 괴로움(五盛陰苦)이다. 이것이 괴로움이라는 진리이다.

어떤 것이 괴로움의 발생이라는 진리인가? 느낌과 애욕을 끊임없이 일으켜 항상 탐내어 집착하는 것이다. 이것이 괴로움의 발생이라는 진리이다.

어떤 것이 괴로움의 소멸이라는 진리인가? 저 애욕을 남김없이 소멸시켜 다시 일어나지 않게 하는 것이다. 이것이 괴로움의 소멸이라는 진리이다.

어떤 것이 괴로움의 소멸에 이르는 길이라는 진리인가? 팔정도인 정견(正見) · 정사유(正思惟) · 정어(正語) · 정업(正業) · 정명(正命) · 정정진(正精進) · 정념(正念) · 정정(正定)이다. 이것을 사성제라고 한다."

부처님은 "사성제에 대해 각각 세 차례씩 열두 가지 양상으로 올바르게 인식함으로써 나는 비로소 부처가 되었다. 나의 내면적인 해탈은 절대 흔들림이 없다."고 선언하셨습니다.

사성제(四聖諦)

"수행자들이여! 사성제가 있다는 것을 알아야 한다.

이 넷은 어떤 것인가? 괴로움이라는 진리(苦諦), 괴로움의 발생이라는 진리(集諦),

괴로움의 소멸이라는 진리(滅諦), 괴로움의 소멸에 이르는 길이라는 진리(道諦)이다.

어떤 것이 괴로움이라는 진리인가?

5음(陰)에 탐욕과 집착이 번성하므로 괴로움(五盛陰苦)이다.

어떤 것이 괴로움의 발생이라는 진리인가?

느낌과 애욕을 끊임없이 일으켜 항상 탐내어 집착하는 것이다.

어떤 것이 괴로움의 소멸이라는 진리인가?

저 애욕을 남김없이 소멸시켜 다시 일어나지 않게 하는 것이다.

어떤 것이 괴로움의 소멸에 이르는 길이라는 진리인가?

팔정도 정견(正見)·정사유(正思惟)·정어(正語)

·정업(正業)·정명(正命)·정정진(正精進)·

정념(正念)·정정(正定)이다. 이것을

사성제라고 한다."

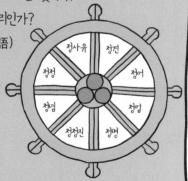

"사성제에 대해 각각 세 차례씩 열두 가지 양상으로 올바르게 인식함으로써

나는 비로소 부처가 되었다. 나의 내면적인 해탈은 절대 흔들림이 없다."

야사의 출가

부처님께서 다섯 비구에게 법을 설하시고 얼마 지나지 않아 바라나시 대부호의 아들 야사가 이른 새벽부터 야생마처럼 길거리를 헤매고 있었습니다.

야사는 저택을 3채나 소유하고 있었습니다. 한 채는 겨울을 위한 것이었고, 또 한 채는 여름을 위한 것이었으며, 마지막 한 채는 우기를 나기 위한 것이었습니다. 부처님이 녹야원에 머무르실 때는 우기였기 때문에 야사도 우기를 나기 위한 집에서 살고 있었습니다. 여느 때와 다름없이 그는 간밤에 애욕과 쾌락의 밤을 보냈으나 순간적으로 모두 부질없는 것임을 깨닫고 내달리던 중 녹야원에 이르렀습니다.

부처님은 평상시와 다름없이 산책을 하다 야사를 만났습니다.

"야사여! 이리 오라. 내가 그대를 위해 법을 설해 주겠노라."

부처님은 야사에게 도(道)와 결과로 이끄는 도덕적 실천과정에 대해 가르쳤습니다. 보시와 계율, 천상, 열반 등에 대해 차근차근 쉽게 설명하셨습니다.

총명하고 영리했던 야사는 부처님의 말씀을 금방 알아들었고 7번째 아라한이 되었습니다. 야사는 부처님과 부처님의 가르침과 승가에 귀의할 것을 맹세했습니다.

야사의 출가는 바라나시를 발칵 뒤집어 놓았습니다. 가장 풍요롭고 세속적인 삶을 살았던 야사가 수행자가 된 것은 그 자체가 충격이었습니다. 야사와 함께 어울리던 친구 네 사람이 함께 출가했고 또 다른 친구 50명이 또 수행자가 되었습니다. 결국 부처님을 포함해 모두 61명의 아라한이 탄생하였습니다.

야사의 출가

대부호의 아들 야사가 이른 새벽부터 야생마처럼 길거리를 헤매다.
여느 때와 다름없이 그는 간밤에 애욕과 쾌락의 밤을 보냈으나
순간적으로 모두 부질없는 것임을 깨닫고 내달리던 중 녹야원에 옴.

야사여! 이리 오라. 내가 그대를 위해
법을 설해 주겠노라.

부처님은 야사에게 도(道)와 결과로 이끄는 도덕적
실천과정, 보시와 계율, 천상, 열반 등에 대해 차근차근
설명해 주심.

총명하고 영리했던 야사는 부처님의 말씀을 금방
알아들었고 7번째 아라한이 됨.

야사의 친구 네 사람이 함께 출가했고,
또 다른 친구들 50명이 한꺼번에 출가함으로써
부처님을 포함해 모두 61명의 아라한 탄생.

최초의 재가신도

야사가 집을 나간 것을 알고 따라나선 야사의 아버지는 여기저기서 아들을 찾았습니다. 이윽고 부처님과 마주앉아 있는 야사를 보고 안도의 한숨을 내쉬었습니다. 야사의 아버지도 야사 곁으로 다가가 부처님의 법문을 들었습니다. 그는 부처님께 예를 올리며 말씀드렸습니다.

"기쁜 일입니다. 부처님이시여! 마치 넘어진 자를 일으켜 세워 주시듯이, 덮여 있는 것을 벗겨 주시듯이, 길을 잃은 사람에게 길을 가리켜 주시듯이, 눈이 있는 자는 빛을 볼 것이라 하여 어둠 속에서 등불을 비쳐 주시듯이, 부처님께서는 여러 가지 방법으로 법을 설해 주셨습니다. 저는 이제 부처님께 귀의하겠습니다. 저는 이제 부처님 가르침에 귀의하겠습니다. 저는 이제 승가에 귀의하겠습니다. 부처님께서 저를 받아 주신다면 오늘 이후로 목숨이 다할 때까지 신도로서 귀의하겠습니다."

이렇게 야사의 아버지는 최초의 남자 재가신도 우바새가 됩니다. 야사의 아버지는 야사에게 귀가를 권유했으나 끝내 거절합니다.

"비록 다시 집에 돌아가 화려한 장신구와 비단옷을 입고 산다 하더라도 모든 욕망의 근원을 잘 다스려 오욕에서 떠나도록 하라. 스스로 이렇게 하는 것은 진실한 출가라 할 수 있다. 깊은 산 속에서 걸식을 하고 누더기를 입고 살더라도 마음이 욕망에 매달려 있다면 출가라 할 수 없다."

부처님은 야사에게 돌아가도 좋다고 했으나 야사는 결국 출가를 하게 됩니다. 야사의 아버지는 부처님과 제자들을 집으로 초대해 공양을 올렸습니다. 공양이 끝난 뒤 부처님께서는 야사의 어머니에게도 감로수 법문을 내려 주셨습니다. 그녀는 최초의 여자 재가신도 우바이가 됩니다.

최초의 재가신도

야사가 집을 나간 것을 알고 아들을 찾아 나선 야사의 아버지.
마침내 야사를 찾았고, 야사 곁으로 다가가
부처님의 법문을 듣고 감화 받음.

"부처님께서 저를 받아 주신다면
오늘 이후로 목숨이 다할 때까지 신도로서 키의하겠습니다.
저는 이제 부처님께 키의하겠습니다.
저는 이제 부처님 가르침에 키의하겠습니다.
저는 이제 승가에 키의하겠습니다."

야사의 아버지는 최초의 우바새(남자 재가신도)
부처님은 야사에게 돌아가도 좋다고 했으나 야사는 출가를 단행.
야사의 아버지는 부처님과 제자들을 집으로 초대해 공양을 올림.
공양이 끝난 뒤 부처님께서는 야사의 어머니에게도 감로수 법문을 내려주심.
야사의 어머니는 최초의 우바이(여자 재가신도)

전도 대 선언

제자가 60명이 되자 부처님이 하루는 이들을 전부 불러 모았습니다. 그리고는 당부와 교시를 내리셨습니다.

"비구들이여! 나는 신과 인간의 굴레에서 해방되었다. 그대들도 역시 신과 인간의 굴레에서 해방되었다. 이제 많은 사람들의 이익과 안락, 그리고 세상에서 구하는 미래의 이익과 행복과 안락을 위해 법을 전하러 가라. 마을로 갈 때 두 사람은 같은 길을 가지 말고 혼자서 가라. 처음도 좋고 중간도 좋고 끝도 좋도록 이치에 맞게 조리와 표현을 잘 갖추어 사람들이 알아들을 수 있도록 법을 전하라. 원만 무결하게 청정한 범행을 설하라. 중생들 가운데는 번뇌가 적은 사람들도 있을 것이다. 그들이 법을 듣지 못하면 악에 떨어질 것이나 법을 들음으로써 성숙해질 것이다. 비구들이여! 나도 법을 전하기 위하여 우루웰라의 세나니 마을로 가서 설법을 할 것이다."

부처님께서 제자들에게 당부하신 이 말씀을 우리는 전도 대 선언(傳道大宣言)이라고 합니다. 지금 생각해 보아도 가슴 뛰는 말씀입니다. 부처님의 '전도 명령'을 받은 비구들이 여쭈었습니다.

"설법을 듣고 출가를 희망하는 사람들이 있을 때 어떻게 해야 합니까?"

"머리를 깎여 가사를 입히고 가죽 신발을 벗게 하고 오른쪽 무릎을 땅에 꿇고 합장하게 한 다음 '아무개가 불법승 삼보에 귀의합니다. 이제 여래가 계신 곳에서 출가하오니 여래·응공·등정각 붓다를 제가 받들어 모시고자 합니다.'를 세 번 외우도록 하고 구족계를 주도록 하여라."

60명의 비구들은 빠르게 흩어져 부처님의 법을 전하기 시작했습니다.

전도 대 선언

제자가 60명이 되자 부처님께서 이들을 한자리에 모아 전도 대 선언을 하시다.

"비구들이여! 나는 신과 인간의 굴레에서 해방되었다. 그대들도 역시 신과
인간의 굴레에서 해방되었다. 이제 많은 사람들의 이익과 안락, 그리고
세상에서 구하는 미래의 이익과 행복과 안락을 위해 법을 전하러 가라.
마을로 갈 때 두 사람은 같은 길을 가지 말고 혼자서 가라. 이치에 맞게
조리와 표현을 잘 갖추어 사람들이 알아들을 수 있도록 법을 전하라.
원만 무결하게 청정한 범행을 설하라. 그들이 법을 듣지 못하면 악에 떨어질
것이나 법을 들음으로 성숙해질 것이다."

설법을 듣고 출가를 희망하는 사람들이 있을 때 어떻게 해야 합니까?

'아무개가 불법승 삼보에 귀의합니다. 이제 여래가 계신 곳에서
출가하오니 여래, 응공, 등정각 붓다를 제가 받들어 모시고자
합니다.'를 세 번 외우도록 하고 구족계를 주도록 하여라.

60명의 비구들을 빠르게 흩어져 부처님의 법을 전하기 시작함.

뿌르나 존자의 전법 원력

부처님의 전도선언을 생각할 때 같이 떠오르는 수행자가 있습니다. 바로 뿌르나 존자입니다. 우리에게는 설법제일로 알려져 있지만, 전법제일로 불려도 손색이 없습니다.

어느 날 뿌르나 존자가 부처님께 나아가 아뢰었습니다.

"부처님이시여! 저는 멀리 서쪽의 수나빠란따로 가서 부처님의 정법을 전도하겠습니다."

"뿌르나여! 수나빠란따 백성들은 성격이 아주 사납고 모질고 거칠다. 만약 그들이 너를 꾸짖고 조소하고 매도해 모욕하면 어찌하겠느냐?"

"만일 그런 일이 있으면 저는 '수나빠란따 사람들은 어질고 착해서 나를 주먹으로 치고 돌을 던지지는 않으리라'고 생각하겠습니다."

"뿌르나여! 만일 그들이 칼로 해친다면 어찌하겠느냐?"

"저는 부처님의 정법을 구하기 위해 기꺼이 이 육신을 버리기를 원하는데, '수나빠란따 사람들은 어질고 착해서 나로 하여금 육신의 속박에서 벗어나 큰 공덕을 짓게 하는구나'라고 생각하고 미련 없이 일신을 버리겠습니다."

"뿌르나여 너는 인욕과 자제를 이미 얻었구나. 수나빠란따로 가서 정법을 두루 전하거라."

뿌르나는 수나빠란따로 가서 남녀 500명씩을 제도했으나 결국 순교하고 말았습니다. 부처님은 "뿌르나는 무한한 생명을 얻었구나!"라고 찬탄했습니다.

뿌르나 존자는 뛰어난 설법으로 많은 사람들을 부처님께 귀의하도록 안내하였습니다. 설법 이전에 이러한 전법 원력이 있었기에 가능했던 일일 것입니다. 뿌르나 존자의 전법 원력에 지극한 마음으로 예를 올립니다.

뿌르나 존자의 전법 원력

"부처님이시여! 저는 멀리 서쪽의 수나빠란따로 가서 부처님의 정법을 전도하
겠습니다."

"수나빠란따 백성들은 성격이 아주 사납고 모질고 거칠다. 만약 그들이 너를
꾸짖고 조소하고 매도해 모욕하면 어찌하겠느냐?"

"'수나빠란따 사람들은 어질고 착해서 나를 주먹으로 치고 돌을 던지지는
않으리라'고 생각하겠습니다."

"뿌르나여! 만일 그들이 칼로 해친다면 어찌하겠느냐?"

"'수나빠란따 사람들은 어질고 착해서 나로 하여금 육신의 속박에서 벗어나
큰 공덕을 짓게 하는구나'고 생각하겠습니다."

"뿌르나여 너는 인욕과 자제를 이미 얻었구나. 수나빠란따로 가서 정법을
두루 전하거라."

뿌르나는 수나빠란따로 가서 남녀 500명씩을
제도했으나 결국 순교했다.

139

청년들의 교화와 출가

부처님은 녹야원에서 우루웰라로 향했습니다. 도중에 칸파시카라는 숲속에 들어가 잠시 휴식을 취하고 계셨습니다.

마침 근처에는 명문가 출신의 청년 30명이 소풍을 나와 놀고 있었습니다. 다들 아내를 데리고 왔지만 한 사람만 아내 대신 창부와 동행했습니다. 술에 취해 흥이 오를 때쯤 그 창부가 청년과 아내들의 중요한 물건들을 가지고 도망가 버렸습니다.

뒤늦게 이 사실을 안 청년들은 사방으로 그 창부를 찾아다녔습니다. '잡히기만 하면 가만 두지 않겠다'는 표정에서 살기마저 느껴졌습니다. 숲속을 거니시다가 심상치 않은 기운을 느낀 부처님은 그들을 불렀습니다. 자초지종을 들은 부처님은 그들에게 질문을 하나 던졌습니다.

"청년들이여! 그대들 생각에는 어느 것이 나은가? 잃어버린 여인과 잃어버린 자신의 자아를 찾는 것 중 어느 것이 더 소중하다고 생각하는가?"

"부처님! 우리를 위해서는 자아를 찾는 것이 더 중요할 것 같습니다."

"그러면 여기 앉아 나의 법문을 들으라."

부처님은 청년들에게 덕을 베푸는 나눔의 삶, 도덕적으로 청정한 삶, 그러한 삶은 반드시 좋은 과보를 받는다는 것을 말씀하시고 다시 사성제를 설하여 진리와 법에 대해 눈을 뜨게 하셨습니다. 아라한과를 증득한 30명의 청년들은 부처님께 출가 허락을 정중히 요청했습니다. 부처님도 응답했습니다.

"비구들이여, 오너라! 와서 출가해 구족계를 받도록 하라. 그대들은 괴로움의 윤회를 끝내기 위해 더 높은 도를 수행하는 데 노력하라!"

이렇게 부처님 교단은 계속 확장되고 있었습니다.

청년들의 교화와 출가

명망가 출신의 청년 30명이 소풍에 다들 아내를 데리고 왔는데,
한 사람만 아내 대신 창부와 동행, 그 창부가 물건을 훔쳐 달아남.

'잡히기만 하면 가만 두지 않겠다.'
분노에 휩싸여 창부를 찾아 헤매던 청년들에게,

청년들이여! 잃어버린 여인과 잃어버린 자신의 자아를 찾는 것 중
어느 것이 더 소중하다고 생각하는가?

 부처님! 우리를 위해서는 자아를 찾는 것이 더 중요할 것 같습니다.

부처님은 진리와 법에 대해 설하며 청년들의 눈을 뜨게 함.
아라한과를 증득한 30명의 청년들은 부처님께 출가 허락을 정중히 요청.

"비구들이여, 오너라! 와서 출가해 구족계를 받도록 하라. 그대들은 괴로움의
윤회를 끝내기 위해 더 높은 도를 수행하는 데 노력하라!"

이렇게 부처님 교단은 계속 확장됨.

우루웰라에서 보인 신통

부처님이 우루웰라에 도착했습니다. 우루웰라에서는 깟사빠(가섭) 3형제가 1000
명의 수행자들을 이끌고 있었습니다. 우루웰라 깟사빠, 나디 깟사빠, 가야 깟사
빠 3형제는 바라문의 전통에 따라 『베다』를 읽고 그들이 신봉하는 불이 꺼지지
않도록 지키고 있었습니다.

부처님이 우루웰라 깟사빠에게 가서 하루 묵을 수 있는지를 물었습니다. 냉담
한 깟사빠가 그래도 묵고 싶다면 사당에서 지내라고 알려줬습니다. 사당에는 치
명적인 독을 지닌 용이 살고 있었습니다. 부처님은 고마움을 표시하며 사당으
로 들어갔습니다.

부처님이 사당에 앉아 명상을 시작하자 용이 화염을 내뿜었습니다. 그러자 부
처님은 신통으로 용보다 더 센 화염으로 맞섰습니다. 사당은 부처님과 용이 내
뿜는 화염으로 벌겋게 불타올랐습니다. 우루웰라 깟사빠를 비롯한 바라문들은
부처님의 안전에 문제가 생겼을 것이라고 걱정을 했지만 다음날 아침 부처님은
전과 다르지 않은 모습으로 사당에서 나왔습니다.

부처님은 사당의 일을 비롯해 3500가지 신통을 보였습니다. 한겨울 목욕을 마
친 바라문들을 위해 500개의 불을 피워준 것이라든지 홍수로 강이 범람했을 때
도 부처님은 조금도 비를 맞지 않고 강을 건넌 일이 있었습니다.

부처님은 시간이 지나 우루웰라 깟사빠에게 말했습니다.

"그대는 아라한도 아니고 또한 아라한의 길에도 이르지 못했소."

우루웰라 깟사빠는 부처님의 지적을 그대로 인정했습니다. 그리고는 부처님
을 스승으로 모시겠다고 청했습니다. 까싸파의 500명 제자들 역시 부처님 제자
가 되기로 마음을 모아 결의했습니다.

우루웰라에서 보인 신통

부처님께서 깟사빠 3형제가 1000명의 수행자들을 이끌고 있는 우루웰라에 도착한 후 하루를 묵을 수 있는지 묻자, 냉담한 깟사빠가 독룡이 살고 있는 사당에서 지내라고 알려 줌.

부처님은 신통력으로 독룡보다 더 센 화염으로 제압. 다음날 아침 부처님이 전과 다르지 않은 모습으로 사당에서 나오자 모두 깜짝 놀람.

부처님은 사당의 독룡을 조복받은 것을 비롯해 3500가지 신통을 보임.

"그대는 아라한도 아니고 또한 아라한의 길에도 이르지 못했소."

부처님을 스승으로 모시겠다고 청한 깟사빠,
그의 500명 제자들 역시 부처님 제자가
되기로 마음을 모아 결의.

깟사빠 형제들의 귀의

우루웰라 깟사빠를 비롯한 500명의 바라문들은 머리를 깎고 제사에 사용하던 도구를 포함한 일체의 소유물을 강물에 떠내려 보냈습니다. 그리고 부처님께 예를 갖추어 구족계를 받고 비구가 되었습니다.

강 하류에 있던 둘째 나디 깟사빠는 엄청난 양의 물건들이 떠내려 오는 것을 보고 큰일이 난 것으로 생각했습니다. 300명의 제자들을 데리고 상류로 와서 본 풍경은 뜻밖이었습니다. 여기에 막내 가야 깟사빠를 비롯한 200명의 제자들까지 합류해 1000명의 바라문이 부처님께 귀의하게 되었습니다.

이로써 마가다국의 가장 큰 교단이 통째로 부처님 제자가 되는 파란이 일어났습니다. 부처님은 1000명의 제자들을 이끌고 라자가하로 가시다가 가야산에서 '타오른 불의 법문'을 설하십니다.

"비구들이여, 눈이 불타고 있다. 눈에 보이는 빛깔과 형상이 불타고 있다. 눈의 분별이 불타고 있다. 눈과 그 대상의 접촉이 불타고 있다. 눈과 대상의 접촉에서 생기는 즐겁고 괴로운 느낌들이 불타고 있다. 무엇 때문에 불타는 것인가? 탐욕의 불, 분노의 불, 어리석음의 불 때문이다. 그 까닭에 늙음의 불길, 질병의 불길, 죽음의 불길, 걱정의 불길, 슬픔의 불길, 고통의 불길, 고뇌의 불길이 치솟고 있는 것이다.

탐욕의 불, 분노의 불, 어리석음의 불에서 벗어나 마음이 해탈한 이는 '나는 이미 해탈했다'고 자각하게 될 것이다. 그럴 때 그는 '나의 생은 이미 다했고, 청정한 수행은 이미 완성되었으며, 해야 할 일을 다 마쳤다. 이제는 더 이상 윤회의 굴레에 속박되지 않는다'고 스스로 알게 될 것이다."

깟사빠 형제들의 귀의

깟사빠 형제들과 그들의 제자 1000명의 바라문이 부처님께 귀의함.

부처님은 1000명의 제자들을 이끌고 라자가하로 가시다가 가야산에서 '타오른 불의 법문'을 설하심.

무엇 때문에 불타는 것인가?
탐욕의 불, 분노의 불, 어리석음의 불 때문이다. 그 까닭에 늙음의 불길, 질병의 불길, 죽음의 불길, 걱정의 불길, 슬픔의 불길, 고통의 불길, 고뇌의 불길이 치솟고 있는 것이다. 탐욕의 불, 분노의 불, 어리석음의 불에서 벗어나 마음이 해탈한 이는 '나는 이미 해탈했다' 고 자각하게 될 것이다. 이제는 더이상 윤회의 굴레에 속박되지 않는다고 스스로 알게 될 것이다.

충격에 빠진 마가다

아라한이 된 1000명의 제자들을 이끌고 부처님은 라자가하(왕사성)에 도착했습니다. 부처님이 라자가하를 찾은 첫 번째 이유는 빔비사라왕과의 약속을 지키기 위해서였습니다. 앞서 보았지만 빔비사라왕은 젊은 시절의 싯다르타 보살에게 "보살이시여! 당신이 깨달음을 얻었을 때 우리나라를 처음으로 방문하셔서 축복을 내려 주시기 바란다."는 부탁을 했기 때문입니다.

부처님은 라자가하 근처에 있는 랏띠와나의 야자나무 동산에 머물렀습니다. 부처님 도착 소식에 빔비사라왕은 수많은 대신들과 호위병을 거느리고 랏티와나로 향했습니다. 빔비사라의 대신들과 백성들은 1000명의 무리 속에 있는 사람들 중 누가 부처님이고 누가 우루웰라 깟사빠인지 헷갈렸습니다. 그때 부처님과의 말씀을 마친 우루웰라 깟사빠는 "부처님은 저의 스승이시고 저는 제자입니다."라고 말하자 사람들은 충격에 빠졌습니다.

120살의 우루웰라 깟사빠가 손주뻘인 부처님에게 귀의했다는 소식은 마가다국 전체에 큰 충격이었습니다. 불과 얼마 전까지도 우루웰라 깟사빠는 그 누구도 범접할 수 없는 스승이었기 때문입니다.

"부처님의 가르침을 듣기 전까지는 불을 받드는 것이 가장 중요한 일이라 생각했습니다. 그런데 지금 생각해 보면 불을 섬기는 것은 윤회의 씨를 뿌리는 것에 불과함을 알았습니다. 브라만의 제사는 하늘과 땅에 사람으로 태어날 공덕은 있으나 탐·진·치 삼독심을 벗어나지는 못하는 것임을 깨달았습니다. 부처님은 하늘과 땅 모두의 스승이십니다. 이 나이에 부처님의 제자가 된 것은 너무나 큰 기쁨입니다."

충격에 빠진 마가다

부처님은 하늘과 땅 모두의 스승!

빔비라사라왕은 젊은 시절의 싯다르타 보살에게
"보살이시여! 당신이 깨달음을 얻었을 때 우리나라를 처음으로 방문하셔서
축복을 내려주시기 바랍니다." 라고 부탁함.

빔비사라왕과의 약속을 지키기 위해서 아라한이 된 1000명의 제자들을 이끌고
부처님은 라자가하에 도착.

부처님이 제자들과 함께 오셨다는 소식에 빔비사라왕은 수많은 대신들과
호위병을 거느리고 랏티와나로 마중을 나옴.

120살의 우루웰라 깟사빠가 손주뻘인 부처님에게
귀의했다는 소식은 마가다국 전체에 큰 충격을 줌.

"불을 섬기는 것은 윤회의 씨를 뿌리는 것에 불과함을 알았습니다. 브라만의
제사는 하늘과 땅에 사람으로 태어날 공덕은 있으나 탐진치 삼독심을 벗어나지는
못하는 것임을 깨달았습니다."

최초의 절 죽림정사

당시 라자가하 인구는 6만 명에 이르렀으며 32개의 큰 성문과 64개의 작은 문이 있었고 다섯 개의 산으로 둘러싸인 난공불락의 요새였다고 전합니다.

부처님은 빔비사라왕을 비롯한 대중들에게 보시와 계율에 대한 법문과 천상에 태어나는 길에 대해 말씀하셨습니다. 또 사성제에 대해서도 강조하셨습니다.

빔비사라왕은 부처님께 아뢰었습니다.

"부처님이시여! 제가 젊은 시절 왕자였을 때 다섯 가지 소원이 있었습니다. 첫째, 제가 국왕이 되는 것이었는데, 그것은 이미 성취되었습니다. 둘째, 제가 왕이 되었을 때 부처님께서 오시는 것이었는데, 그것도 이제 성취되었습니다. 셋째 소원은 제가 부처님을 섬기고 받드는 것이었는데, 그것도 이제 성취되었습니다. 넷째 소원은 부처님의 법문을 듣는 것인데, 그마저도 이제 성취되었습니다. 다섯째 소원은 부처님의 법문을 이해하는 것이었는데, 그것도 정녕 이제 성취되었습니다. 부처님을 찬탄합니다."

다음날 부처님과 1000명의 제자들이 가사를 입고 발우를 손에 든 채 라자가하 시내로 나와 탁발을 했습니다. 아름다운 행렬에 천신들은 나와서 노래를 불렀고 백성들은 춤을 추었습니다. 빔비사라왕은 직접 공양을 올리며 생각했습니다. 부처님께서 진리의 법을 더 잘 전해 주실 수 있는 곳이 어디일까? 빔비사라왕은 생각 끝에 자신의 죽림을 생각해 냈습니다.

공양을 마친 부처님께 빔비사라왕은 자신의 뜻을 전했습니다. 빔비사라왕의 청을 수락한 부처님은 죽림으로 출발했습니다. 빔비사라왕의 지극한 정성만큼이나 울창하게 조성된 대나무 숲에 불교 최초의 도량 죽림정사는 이렇게 만들어졌습니다.

최초의 절 죽림정사

부처님은 빔비사라왕을 비롯한 대중들에게 보시와 계율에 대한 법문과
천상에 태어나는 길에 대해 설법하시고, 사성제에 대해서도 강조.

부처님과 1000명의 제자들이 가사를 입고 발우를 손에 든 채 라자가하
시내로 나와 탁발을 함.

'부처님께서 진리의 법을 더 잘 전해주실 수 있는 곳이 어디일까?'
생각 끝에 자신의 죽림을 생각해 낸 빔비사라왕은
공양을 마친 부처님께 자신의 뜻을 전함.

빔비사라왕의 지극한 정성만큼이나 울창하게 조성된 대나무 숲에
불교 최초의 도량 죽림정사를 지어 부처님께 공양 올림.

안거와 수행

부처님은 빔비사라왕으로부터 죽림정사를 보시 받고 축원의 말씀을 내리셨습니다.

"보시하는 사람은 탐욕을 끊게 되고, 인욕하는 사람은 분노를 떠나며, 선행을 쌓는 사람은 어리석음을 여의게 되리라. 이 세 가지를 갖추어 실천하면 빨리 열반에 이르게 되리니, 가난하여 남들처럼 보시할 수 없더라도 다른 사람이 보시하는 것을 보고 칭찬하고 기뻐하면 그 복은 보시하는 사람과 다를 것이 없을지어다."

빔비사라왕은 아들 아잣따삿뚜에 의해 폐위당할 때까지 평생 부처님과 교단을 위해 헌신했습니다. 부처님 초기 교단은 빔비사라왕을 빼놓고 얘기할 수 없을 정도입니다.

죽림정사와 관련하여 하나 생각해 볼 수 있는 것이 있습니다. 바로 안거 수행입니다. 인도는 6월에서 10월까지가 우기입니다. 폭우가 쏟아지는 날씨로 인해 수행자들이 계속 밖에서 떠돌며 수행하기가 쉽지 않았습니다. 또 비구스님들이 마을을 드나들면서 초목을 상하게 하고 곡식을 훼손하는 일도 벌어져 사람들의 원성을 듣는 일이 잦았습니다.

그래서 우기에는 일정한 곳에 머무르며 수행에 전념하는 안거 제도가 생겨났습니다. 그 시기는 부처님이 죽림정사에 머물기 시작한 즈음으로 여겨집니다.

안거가 시작되면서 자자와 포살도 하게 됩니다. 자자는 스스로의 허물을 고백하고 참회하는 것을 말하고 포살은 보름마다 수행 대중이 한 자리에 모여 계를 함께 읽고 그것을 어긴 수행자는 고백하고 참회하는 의식을 말합니다. 자자와 포살은 승가를 유지하는 아름다운 의식입니다.

안거와 수행

부처님께서 죽림정사를 보시 받고 해 주신 축원의 말씀
"보시하는 사람은 탐욕을 끊게 되고, 인욕하는 사람은 분노를 떠나며,
선행을 쌓는 사람은 어리석음을 떠의게 되리라."

빔비사라왕은 아들 아잣따삿뚜에 의해 폐위당할 때까지 평생 부처님과
교단을 위해 헌신함.

인도는 6월에서 10월까지 우기. 폭우가 쏟아지는 날씨로 인해 수행자들이
계속 밖에서 떠돌며 수행하기가 쉽지 않았음.
우기에는 일정한 곳에 머무르며 수행에 전념하는 안거 제도가 생김.

안거가 시작되면서 자자와 포살도 하게 됨.
자자는 스스로의 허물을 고백하고 참회하는 것을 말하고, 포살은
보름마다 수행 대중이 한 자리에 모여 계를 함께 읽고 그것을 어긴
수행자는 고백하고 참회하는 것.

자자와 포살은 승가를 유지하는 아름다운 의식

사리뿟따와 목갈라나의 귀의

부처님이 라자가하에 머무실 때 육사외도 중 한 사람인 벨라띠뿟따의 아들 산자야도 있었습니다. 산자야의 제자 중 우빠띳사와 꼴리따는 '누구라도 먼저 만족할 만한 스승을 만나면 서로 알려 주기로 하자'고 약속하였습니다.

어느 날 우빠띳사가 라자가하 시내로 탁발을 나갔다가 부처님께 첫 설법을 들었던 다섯 수행자 중 한 사람인 앗사지 비구를 만났습니다. 우빠띳사는 위엄이 넘치는 앗사지를 쫓아가 누구의 가르침을 받고 있는지를 물었고, 부처님의 제자라는 답을 듣습니다.

앗사지로부터 부처님의 가르침을 전해 들은 우빠띳사는 청정한 법안(法眼)을 얻었습니다. 우빠띳사의 행복한 모습을 본 꼴리따도 환희심이 솟구쳤습니다.

우빠띳사와 꼴리따는 둘을 따르던 제자 250명과 상의 끝에 부처님의 가르침을 받기로 결정합니다. 스승 산자야는 떠나는 제자들을 보고 끝내 피를 토하며 죽고 말았습니다.

부처님은 두 사람에게 "어서 오게, 비구여! 나의 가르침 안에서 범행을 잘 닦아 고통에서 완전히 벗어나도록 하라."고 당부했습니다.

부처님의 제자가 된 우빠띳사는 사리뿟따로, 꼴리따는 목갈라나로 불렸습니다. 사리뿟따는 훗날 지혜제일로 존경받았고 목갈라는 신통제일로 칭송받았습니다.

부처님은 대중들에게 공개적으로 말씀하셨습니다.

"비구들이여! 사리뿟따와 목갈라나를 따르고 그들과 가까이하도록 하라. 그들은 범행을 돕는 훌륭한 사람이다. 사리뿟따는 생모와 같고 목갈라나는 양모와 같은 사람이다."

사리뿟따와 목갈라나의 귀의

산자야의 제자 중 우빠띳사와 꼴리따는 '누구라도 먼저 만족할 만한 스승을 만나면 서로 알려 주기로 하자'고 약속함.

우빠띳사가 라자가하 시내로 탁발을 나갔다가 부처님께 첫 설법을 들었던 다섯 수행자 중 한 사람인 앗사지 비구를 만남.

앗사지로부터 부처님의 가르침을 전해들은 우빠띳사는 청정한 법안(法眼)을 얻음. 우빠띳사의 행복한 모습을 본 꼴리따도 환희심이 솟구침.

우빠띳사와 꼴리따는 부처님의 제자가 되기로 결정, 둘을 따르던 제자 250명도 뜻을 같이함.

어서 오게, 비구여! 나의 가르침 안에서 범행을 잘 닦아 고통에서 완전히 벗어나도록 하라.

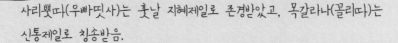

사리뿟따(우빠띳사)는 훗날 지혜제일로 존경받았고, 목갈라나(꼴리따)는 신통제일로 칭송받음.

마하 깟사빠의 귀의

부처님께서는 사리뿟따와 목갈라나를 교화한 지 얼마 지나지 않아 또 한 명의 소중한 제자를 만나게 됩니다. 부처님 열반 후 1차 결집을 주도하며 승가를 이끌 깟사빠가 바로 그 주인공입니다.

어린 시절 유복한 가정에서 자란 깟사빠는 어려서부터 모든 학문에 능통했습니다. 훌륭하게 자라난 깟사빠는 부모님의 강요로 밧다 까삘라니와 결혼을 했습니다. 두 사람은 모두 수행에 관심이 많아 부부 관계를 맺지 않기로 하고, 밤에 잠을 잘 때는 꽃다발을 사이에 두고 서로 떨어져 잠을 청할 정도였습니다.

시간이 지나 두 사람은 출가하기로 마음을 먹고 집을 떠나기 전에 거느리고 있던 하인들을 모두 풀어 주었습니다.

길을 나선 깟사빠는 나무 아래에서 좌선하는 부처님의 모습을 한눈에 알아보고 자신의 스승으로 모십니다.

깟사빠는 자신이 입던 비단옷을 벗어 부처님의 자리에 깔아 드립니다. 그리고는 부처님의 낡은 분소의를 받아 입었습니다.

부처님은 훗날 마하 깟사빠에게 "그대야말로 나의 자식이요, 여래의 입에서 태어났으며, 법에서 태어났고, 법으로 만들어졌으며, 법의 상속자"라고 강조했습니다. 그리고 덧붙였습니다.

"비구들아! 나의 제자 가운데 적은 욕심으로 만족함을 알고 두타행을 갖춘 사람은 바로 마하 깟사빠이다."

마하 깟사빠는 부처님을 만난 지 8일 만에 아라한이 되었습니다. 깟사빠는 항상 청빈하고 철저하게 소욕 생활을 해 부처님께 두타제일이라는 칭찬을 듣게 됩니다.

마하 깟사빠의 귀의

어린 시절 유복한 가정에서 자란 깟사빠는 어려서부터 모든 학문에 능통함.
부모님의 강요로 밧다 까삘라니와 결혼함.
시간이 지나 두 사람은 출가하기로 마음을 먹고 집을 떠나기 전에 거느리고
있던 하인들을 모두 풀어줌.

깟사빠는 좌선하는 부처님의 모습을 한눈에 알아보고 스승으로 모심.

바구들아! 나의 제자 가운데
적은 욕심으로 만족함을 알고
두타행을 갖춘 사람은
바로 마하 깟사빠이다.

깟사빠는 항상 청빈하고 철저하게 소욕 생활을 해 부처님께
두타제일이라는 칭찬을 듣게 됨.

계율의 제정

빔비사라왕이 보시한 죽림정사에는 1250명의 대중이 모여서 수행을 이어나갔습니다. 깟사빠 삼형제와 그들의 제자 1000명, 사리뿟따, 목갈라나와 그들의 제자 250명은 큰 숲이 되어 서로의 도반이 되었습니다. 하지만 수행자가 많다 보니 크고 작은 문제가 생기는 것도 당연했습니다.

죽림정사 초기의 가장 큰 문제는 라자가하 사람들의 맹목적 비난이었습니다. 갑자기 집을 떠나 출가하는 사람이 늘어나면서 부처님을 원망하는 목소리가 적지 않았습니다. 또 많은 수행자를 불교 교단에 빼앗긴 육사외도들도 부처님을 이유 없이 싫어했습니다.

승단 내부의 문제도 드러나기 시작했습니다. 부처님께서는 출가생활의 기본 수칙으로 '4의지'를 말씀하셨습니다. 걸식하는 생활에 의지하고, 분소의를 입는 생활에 의지하고, 나무 아래에서 좌선하는 생활에 의지하고, 동물의 대소변을 이용해 만든 진기약을 사용하는 생활에 의지하도록 한 것입니다.

그러나 이 틀에서 벗어나는 적지 않은 문제들이 노출되었습니다. 그래서 문제가 생길 때마다 계율이 정비되었고, 계율을 지키는 수행자가 구성원으로 인정받게 되었습니다.

성인이 되지 않은 우빨리와 친구들 16명이 대중생활에 적응하지 못하여 20세가 되지 않은 사람에게 구족계를 주지 말라는 조항이 생겼습니다. 새로운 출가자가 늘어나면서 신참을 가르치고 교육하는 스승을 두는 제도가 생기기도 했습니다. 또 승가 안에서의 위계와 질서의 기준, 좌석을 정하는 방법도 정했습니다. 그 기준은 바로 구족계를 받은 순서였습니다.

계율의 제정

부처님께서 제정한 출가생활의 기본 수칙 '4의지'

걸식하는 생활에 의지하고,
분소의를 입는 생활에 의지하고,
나무 아래에서 좌선하는 생활에 의지하고,
동물의 대소변을 이용해 만든 진기약을 사용하는
생활에 의지하라.

문제가 생길 때마다 계율은 정비되었고, 계율을 지키는 수행자가 구성원으로 인정받게 됨.
새로운 출가자가 늘어나면서 초심자를 가르치고 교육하는 스승을 두는 제도가 생김.

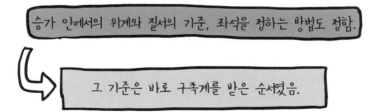

승가 안에서의 위계와 질서의 기준, 좌석을 정하는 방법도 정함.

그 기준은 바로 구족계를 받은 순서였음.

8장

귀향

숫도다나왕은 특사단을 보내 부처님께 꼭 고향으로 와 달라는 부탁을 했지만 그들 모두 부처님을 만나면 수행자가 되어 감감무소식이었습니다. 숫도다나왕은 마지막으로 신하 깔루다이를 보내면서 "내가 살아 있을 때 내 아들에게 예를 올리고 싶다. 내 마지막 소원이다!"라고 당부했습니다. 깔루다이 역시 부처님의 설법을 듣고 출가수행자가 되었지만, 부처님께 청해 마침내 부처님이 고국인 까삘라왓뚜로 돌아옵니다. 부처님의 귀향으로 사꺄족 왕자들을 위시해서 수많은 사람들이 구름처럼 모여들어 부처님께 귀의하였습니다.

숫도다나왕의 기다림

부처님은 라자가하 죽림정사에 머물며 당신을 찾아온 인간과 천신과 브라만에게 불사의 법을 설하셨습니다. 법을 들은 사람들은 모두 부처님께 귀의하는 일이 이어지고 있었습니다.

이 소식은 까삘라 왕국의 숫도다나왕에게도 자연스럽게 전해졌습니다. 숫도다나왕은 믿을 만한 대신과 그의 수행원 1000명을 라자가하로 보냈습니다. 부처님이 꼭 고향으로 돌아와 달라는 부탁도 함께 실어 보냈습니다.

죽림정사에 도착한 1000명의 특사단은 선 채로 부처님의 감로법문을 들었고 그 자리에서 아라한이 되었습니다. 그리고는 구족계를 받고 수행자가 되었습니다. 문제는 숫도다나왕의 명령을 부처님께 전하지 못했다는 것입니다. 모두가 아라한과의 복락을 누릴 뿐이었습니다.

먼저 보낸 사람들의 무소식에 숫도다나왕은 몇 차례에 걸쳐 많은 사람을 보냈지만 돌아오는 소식은 없었습니다.

그래서 숫도다나왕은 마지막으로 가장 신임하는 신하 깔루다이를 보내기로 했습니다. 깔루다이는 부처님과 같은 날에 태어나 어린 시절부터 부처님과 가장 가까운 친구로 지냈던 인물입니다.

"깔루다이여! 내가 살아 있을 때 내 아들을 보고 그에게 예를 올리고 싶다. 이것은 나의 마지막 소원이다. 그대가 나의 바람이 꼭 이루어지도록 해 달라!"

국왕이자 아버지와 같은 숫도다나왕의 당부에 깔루다이는 죽림정사로 갔습니다. 깔루다이 역시 1000명의 수행원들과 부처님의 설법을 듣고 아라한과를 얻어 출가수행자가 되고 말았습니다.

숫도다나왕의 기다림

법을 들은 사람들은 대부분 부처님께 귀의했다.
이 소식은 까삘라 왕국의 숫도다나왕에게도 자연스럽게 전해짐.
숫도다나왕은 믿을 만한 대신과 그의 수행원 1000명을 라자가하로 보냄.
꼭 고향으로 돌아와 달라는 부탁도 함께...
죽림정사에 도착한 1000명의 특사단은 선 채로
부처님의 감로법문을 들었고 그 자리에서 아라한이 됨.
문제는 숫도다나왕의 명령을 부처님께 전하지 못했다는 것,
모두가 아라한과의 복락을 누릴 뿐...

숫도다나왕은 몇 차례에 걸쳐 많은 사람을 보냈지만
그들 모두 출가하며 돌아오는 소식은 없었음.

깔루다이여! 내가 살아있을 때 내 아들을 보고 그에게 예를 올리고
싶다. 이것은 나의 마지막 소원이다. 그대가 나의 바람이 꼭
이루어지도록 해 달라!

깔루다이 역시 1000명의 수행원들과 함께
부처님의 설법을 듣고 아라한과를 얻어 출가수행자가 됨.

부처님의 귀향

국왕의 명을 잊지 않고 수행하던 깔루다이는 어느 날 부처님께 슛도다나왕의 간절한 바람을 전했습니다. 무려 60수의 게송으로 슛도다나왕의 마음을 표현해 부처님께 아뢰었다고 합니다.

"가장 수승한 부처님이시여! 부처님의 늙은 아버지인 슛도다나왕은 간절하게 부처님과 승단에 예를 올리고 싶어 합니다. 부디 부처님이 방문하심으로써 왕가의 친지들을 영광되게 해 주시길 간청 드립니다."

깔루다이를 통해 슛도다나왕의 마음을 알게 된 부처님은 고향으로 향합니다. 앙가와 마가다국 출신 1만 명의 아라한과 까삘라왓투에서 파견됐다가 아라한이 된 1만 명 등 총 2만 명의 비구들이 부처님을 수행합니다.

깔루다이는 앞장서 달려가 부처님의 귀향 소식을 슛도다나왕에게 보고합니다. 슛도다나왕은 깔루다이를 통해 매일 부처님께 공양을 올렸습니다. 부처님과 2만 명의 아라한들은 두 달 동안 안전하게 여행을 하여 무사히 까삘라왓투에 도착했습니다.

사꺄족에서는 정장을 한 평범한 아이들을 선두로 예복을 차려 입은 왕자와 공주들, 나머지 사꺄족들이 부처님께 바칠 꽃과 향기로운 가루를 들고 마중을 나갔습니다.

하지만 대부분의 사꺄족 사람들은 아직도 부처님을 그냥 왕자로만 생각했습니다. 여전히 예를 올릴 생각을 하지 않았습니다. 사람들의 마음을 읽은 부처님은 불꽃과 물줄기를 보이는 신통으로 사람들의 마음을 사로잡았습니다. 제일 먼저 슛도다나왕이 아들 부처님께 예를 올리자 모든 사람들이 고개를 숙이게 되었습니다.

부처님의 귀향

"가장 수승한 이, 부처님이시여! 부처님의 늙은 아버지인 숫도다나왕이 간절하게 부처님과 승단에 예를 올리고 싶어 합니다."

깔루다이를 통해 숫도다나왕의 마음을 알게 된 부처님은 고향으로 향함. 숫도다나왕은 깔루다이를 통해 매일 부처님께 공양을 올림.

부처님과 2만 명의 아라한들은 두 달 동안 안전하게 여행을 하며 무사히 까삘라왓뚜에 도착. 하지만 대부분의 사꺄족 사람들은 아직도 부처님을 그냥 왕자로만 생각하고, 여전히 예를 올릴 생각은 하지 않음.

사람들의 마음을 읽은 부처님은 불꽃과 물줄기를 보이는 신통으로 사람들의 마음을 사로잡음. 제일 먼저 숫도다나왕이 아들 부처님에게 예를 올리자 모든 사람들이 고개를 숙이게 됨.

아들의 탁발이 창피했던 아버지

숫도다나왕은 예를 올리며 말했습니다.

"네가 태어나던 날, 전륜성왕의 운명을 타고났다는 선인들의 예언에 나는 너의 발아래 예배하였다. 어린 시절, 잠부나무 아래에 앉은 거룩한 너의 모습을 보고 나는 또 너의 발아래 예배하였다. 오늘, 만개한 꽃처럼 밝고 깨끗한 너의 얼굴을 보니 내 마음 기쁘기 그지없어 또 이렇게 발아래 절을 하는구나!"

예를 올리는 사꺄족을 위해 부처님은 기꺼이 사성제와 법에 대해 설해 주셨습니다. 부처님이 된 아들을 보고 온 숫도다나왕은 대신들을 소집해 당부했습니다.

"나의 아들은 아뇩다라삼먁삼보리를 성취하여서 천신들과 인간들의 존경을 한 몸에 받고 있다. 부처님은 우리 사꺄족의 자랑이고 우리 왕족의 자부심이다. 그대들은 모두 부처님께 귀의하여 부처님의 가르침을 받들도록 하여라."

다음날 부처님은 수행자들을 이끌고 탁발에 나섰습니다. 이 소식은 삽시간에 궁궐에까지 퍼졌습니다. 왕자가 허름한 옷에 맨발로 걸식을 하는 것은 사꺄족이 쉽게 동의할 수 없었습니다. 숫도다나왕도 거리로 뛰어나와 탁발 중단을 설득했습니다. 하지만 부처님은 개의치 않았습니다.

"탁발은 사문의 전통입니다. 결코 부왕께 누를 끼치는 것이 아닙니다. 부왕께서도 방일하지 마시고 선행을 닦으십시오. 법을 행하면 안락합니다."

숫도다나왕은 부처님이 더 이상 자신만의 아들이 아니라는 것을 확인했습니다. 이제 부처님을 만날 수 있는 기회는 공양 초대뿐이었습니다.

아들의 탁발이 창피했던 아버지

사꺄족을 위해 사성제와 법에 대해 설해 주신 부처님.

"나의 아들은 아뇩다라삼먁삼보리를 성취하여서 천신들과 인간들의 존경을 한 몸에 받고 있다. 부처님은 우리 사꺄족의 자랑이고 우리 왕족의 자부심이다. 그대들은 모두 부처님께 귀의하여 부처님의 가르침을 받들도록 하여라."

수행자들을 이끌고 탁발하는 부처님. 왕자가 허름한 옷에 맨발로 걸식을 하는 것은 사꺄족이 쉽게 동의할 수 없었음.

"탁발은 사문의 전통입니다. 결코 부왕께 누를 끼치는 것이 아닙니다. 부왕께서도 방일하지 마시고 선행을 닦으십시오. 법을 행하면 안락합니다."

숫도다나왕은 부처님이 더 이상 자신의 아들이 아니라는 것을 확인했다.

야소다라와의 재회

숫도다나왕의 공양 초청으로 부처님은 궁궐에 도착했습니다. 모든 사람들이 나와서 부처님을 환영하고 경배했지만 부인 야소다라만은 모습을 드러내지 않았습니다.

부처님은 먼저 공양을 했습니다. 이 자리에서 숫도다나왕은 부처님과의 문답을 통해 아나함이 되었고 양모인 마하빠자빠띠는 수다함이 되었습니다.

숫도다나왕은 공양이 끝난 부처님을 야소다라의 방으로 안내했습니다. 야소다라는 부처님이 오신다는 것을 알고 궁녀들에게 모두 가사를 입도록 했습니다. 부처님을 본 야소다라는 한참 동안 울었습니다.

"부처님! 야소다라는 부처님이 가사를 입었다는 소리를 들으면 자신도 가사를 입었고, 장신구를 걸치지 않는다는 말에 모든 장신구를 버렸으며, 맨땅에서 잔다는 말을 듣고 똑같이 맨땅에서 잠을 잤습니다. 하루 한 끼만 드신다는 말을 듣고 야소다라 또한 하루 한 끼만으로 지냈습니다. 부처님이 꽃과 향을 멀리한다는 말을 듣고 역시 향기로운 풀로 치장하지 않고 꽃을 꽂지도 않으면서 지냈습니다."

부처님은 숫도다나왕의 청으로 야소다라에게 법문을 내렸습니다. 부처님은 "내가 전생에 긴나라일 때 야소다라는 그의 부인 짠다였다. 그때 왕이 짠다의 미모에 반해 긴나라를 죽이고 짠다를 아내로 삼으려 했다. 짠다는 그 왕의 청을 끝내 거절하고 화살에 맞은 남편 긴나라를 온 정성을 다해 살려냈다."고 말해 주었습니다.

부처님의 출가 이후 표현할 수 없는 고통을 겪은 야소다라였지만 타고난 정신적 기질에 고상한 태도로 위엄을 잃지 않고 있었습니다.

야소다라와의 재회

숫도다나왕은 부처님과의 문답을 통해 아나함이 되었고
양모인 마하빠자빠띠는 사다함이 됨.

야소다라는 부처님이 오신다는 것을 알고
궁녀들에게 모두 가사를 입힘.

부처님은 숫도다나왕의 청으로 야소다라에게 법문함.
부처님의 출가 이후 표현할 수 없는 고통을 겪은 야소다라였지만
타고난 정신적 기질에 고상한 태도로 위엄을 잃지 않고 있었음.

구족계를 받은 동생 난다

부처님이 까삘라왓투에 온 지 3일째 되던 날 슛도다나왕은 난다의 결혼식과 왕위를 넘겨주는 의식을 진행합니다.

행사는 난다 왕자의 머리를 풀어 주어 왕위 상속자임을 알리는 의식, 난다 왕자의 이마에 황태자의 명문이 새겨진 머리띠를 두르는 의식, 황태자에게 머물 궁전을 하사하는 의식, 난다 왕자를 결혼시키는 의식, 황태자를 위해 왕가의 흰 일산을 세워 주는 의식으로 진행됩니다.

그때 부처님은 궁전에서 선행의 공덕에 관한 가르침을 베푼 뒤 난다에게 자신의 발우를 주고 궁을 나왔습니다. 난다는 발우를 되돌려 주려 했지만 차마 말을 제대로 하지 못하고 부처님을 따라 궁을 나오게 됩니다.

부처님에 대한 지극한 존경심에 궁 밖으로 나온 난다의 소식을 들은 예비신부 자나빠다깔랴니 공주는 애타게 난다 왕자를 찾습니다.

"궁으로 돌아오셔야 합니다. 제 이마의 화장이 마르기 전에 돌아오셔요!"

신부의 목소리를 들었지만, 난다는 계속해서 부처님을 따라갑니다.

부처님이 사원에 도착한 뒤 난다에게 묻습니다. "난다야! 모든 탐욕을 떨쳐버린 삶은 당당하단다. 난다야! 모든 분노와 원망을 떨쳐버린 삶은 안온하단다. 구족계를 받겠느냐?" "네. 좋습니다. 존경하는 부처님! 저는 구족계를 받겠습니다."

난다는 자신의 마음과 조금은 다른 대답을 하고 말았습니다. 난다는 한동안 예비신부를 잊지 못해 안절부절못했습니다. 결국 부처님은 비구들을 불러 난다에게 구족계를 줄 것을 지시했습니다.

난다는 경전에 "몸이 단정하여 세상의 어느 누구와도 다른 이는 바로 난다 비구요, 모든 감관이 고요하고 마음이 변하지 않는 이도 바로 난다 비구"라고 전해지고 있습니다.

구족계를 받은 동생 난다

숫도다나왕은 난다의 결혼식과 왕위를 넘겨주는 의식을 진행함.
부처님은 궁전에서 선행의 공덕에 관한 가르침을 베푼 뒤
난다에게 자신의 발우를 주고 궁을 나옴.

부처님에 대한 지극한 존경심에 궁 밖으로 나온 난다의 소식을 들은
예비신부 자나빠다깔랴니 공주는 애타게 난다 왕자를 찾음.
신부의 목소리를 들었지만, 난다는 계속해서 부처님을 따라감.

난다야! 모든 탐욕을 떨쳐버린 삶은
당당하단다. 난다야! 모든 분노와 원망을
떨쳐버린 삶은 안온하단다.
구족계를 받겠느냐?

난다는 경전에 '몸이 단정하며 세상의 어느 누구와도 다른 이는 바로 난다 비구요,
모든 감관이 고요하고 마음이 변하지 않는 이도 바로 난다 비구'라고 전해지고
있습니다.

라훌라의 출가

일주일이 지나 부처님은 공양 초청을 받고 다시 궁궐에 왔습니다. 야소다라는 아들 라훌라에게 단단히 교육을 시킵니다.

"라훌라야! 저분이 바로 너의 아버지란다. 부처님은 엄청난 재산을 가진 분이다. 아버지 부처님께 가서 너에게 물려줄 재산을 달라고 말씀드려라. 유산을 받기 전에는 절대 물러서면 안 된다."

라훌라는 당돌하게 부처님 앞으로 갔습니다. "아버지 부처님! 저에게 물려줄 재산을 주세요. 아버지의 재산을 저한테 주세요."

라훌라는 사원으로 돌아가는 부처님을 따라가며 계속 매달렸습니다. 부처님은 생각했습니다. '라훌라가 재산을 상속받고자 한다. 그러나 세속의 부나 재산은 고통으로 이끌 뿐이다. 윤회와 환생으로 인한 고통으로 귀결될 뿐이다. 라훌라에게 믿음, 계율, 부끄러움, 두려움, 다문, 보시, 지혜에 관한 보물들을 줄 것이다.'

부처님은 사리뿟따에게 라훌라를 사미로 받아 주라고 말씀하셨습니다. 사리뿟따 존자는 화상을 맡았고, 목갈라나 존자는 머리를 깎고 법복을 내 주고 삼귀의를 하도록 인도하는 출가 아사리가 되었으며 마하 깟사빠 존자는 교육 아사리를 맡았습니다.

손주의 출가 소식을 들은 숫도다나왕은 쓰러지고 말았습니다. 마지막 희망이 사라져 버렸기 때문입니다. 결국 숫도다나왕은 손자의 출가를 인정하면서도 앞으로 부모의 허락을 받지 않은 아이는 출가시키지 말 것을 요청하였고 부처님은 이를 수용하였습니다.

라훌라는 훌륭한 수행자로 성장하였으며 부처님의 10대 제자 중 밀행(密行)제일 라훌라 존자가 됩니다.

라훌라의 출가

일주일이 지나 공양 초청을 받고 다시 궁궐에 오신 부처님.
아버지 부처님께 가서 너에게 물려줄 재산을 달라고 말씀드려라.

> 아버지 부처님! 저에게 물려줄 재산을 주세요.
> 아버지의 재산을 저한테 주세요.

라훌라에게 믿음, 계율, 부끄러움, 두려움, 다문, 보시, 지혜에 관한 보물을
주신 부처님! 사리뿟따에게 라훌라를 사미로 받아들이라고 말씀하심.

손자 라훌라의 출가 소식을 듣고 쓰러진 숫도다나왕.
결국 숫도다나왕은 손자의 출가를 인정하면서도 앞으로 부모의 허락을 받지
않은 아이는 출가시키지 말 것을 요청하였고 부처님을 이를 수용함.

라훌라는 훌륭한 수행자로 성장하였으며 부처님의 10대 제자 중
밀행(密行)제일 라훌라 존자가 됨.

왕자들이 택한 수행자의 길

부처님은 8일간의 고향 방문을 마치고 까삘라왓투를 떠나셨습니다. 그때 한 무리의 왕자들이 부처님을 향해 달려왔습니다. 그들은 사꺄족의 왕자 아누룻다, 밧디야, 데와닷따, 아난다, 바구, 낌빌라, 우빠난다와 이발사 우빨리였습니다.

왕자들은 몸에 지닌 장신구들을 다 떼어내 우빨리에게 주며 궁궐로 돌아가라고 했습니다. 장신구를 들고 궁궐로 가면 자신이 왕자들을 죽이고 온 것으로 오해할 수 있다며 우빨리는 길을 가다 장신구들을 나무에 걸어놓고 다시 부처님께 돌아가 출가를 요청했습니다.

아누룻다가 부처님께 고했습니다.

"부처님께서는 저희에게 자존심을 꺾으라고 당부하셨습니다. 사꺄족의 교만과 오만을 저희부터 뉘우치는 의미로 우빨리를 먼저 출가시켜 비구로 만들어 주십시오. 그러면 저희가 우빨리를 받들고 존경하겠습니다."

우빨리에 이어 왕자들도 출가하였습니다. 아누룻다는 실명을 할 정도로 열심히 수행해 천안(天眼)제일이 되었고, 아난다는 부처님의 말씀을 가장 잘 기억하는 다문(多聞)제일이 되었습니다. 우빨리는 계율에 정통한 지계(持戒)제일 존자가 되었습니다.

부처님은 데와닷따의 출가는 말렸다고 합니다. "집에 있으면서 재물을 가지고 보시를 행하여 공덕을 많이 지으라."고 당부했는데 훗날 교단의 큰 짐이 될 것을 부처님은 알고 있었던 것 같습니다.

많은 왕자들이 출가할 때 홀로 남았던 마하나마는 사꺄족의 왕이 되어 까삘라를 방문하는 비구들에게 공양을 쉬지 않고 올렸습니다. 특히 병든 비구들을 극진히 보살폈다고 전해집니다.

왕자들이 택한 수행자의 길

부처님은 8일간의 고향 방문을 마치고 까빨라와스투를 떠날 때 한 무리의 왕자들이 부처님을 향해 달려옴.

부처님께서는 저희에게 자존심을 꺾으라고 당부하셨습니다. 사꺄족의 교만과 오만을 저희부터 뉘우치는 의미로 우빨리를 먼저 출가시켜 바구로 만들어 주십시오. 그러면 저희가 우빨리를 받들고 존경하겠습니다.

우빨리에 이어 여섯 왕자들도 출가함.
부처님은 데와닷따의 출가는 말림.

집에 있으면서 재물을 가지고 보시를 행하며 공덕을 많이 지으라,

많은 왕자들이 출가할 때 홀로 남았던 마하나마는 사꺄족의 왕이 되어 까빨라를 방문하는 비구들에게 공양을 쉬지 않고 올림.

9장
포교와 귀의

"니다이야! 나와 함께 저 강으로 가서 오물을 씻어내자. 강물로 오물을 씻어내듯 진리의 법으로 너의 어둠을 벗겨내 주리라. 신분과 계급은 나의 법法 안에서 아무 문제가 되지 않는다."라고 니다이에게 하신 말씀이 잔잔한 감동을 줍니다. 부처님께서 법을 펴시던 당시 인도 땅은 사성제가 철저한 계급 사회였습니다. 하지만 부처님께서는 언제나 신분에 구애받지 않고 사람들을 만나 법을 펴셨고, 여성 은 물론이고 불가촉천민에게도 평등하게 법을 전하셨습니다. 수많은 사람들이 불교에 귀의하여 불 교 교단은 급속도로 인도 전역에 퍼져 나갔습니다.

수닷따 장자와의 만남

빠세나디왕이 다스리는 꼬살라국 수도 사왓띠에는 수닷따 장자가 살고 있었습니다. 꼬살라국은 마가다국과 함께 당시 인도의 양대 강국이었습니다.

수닷따는 평소 어려운 이웃들을 위해 끊임없는 보시를 해 왔습니다. 부처님이 라자가하에 머물고 있을 때 수닷따는 일을 보러 그곳으로 오게 되었습니다. 수닷따는 라자가하의 상인조합장과 결혼한 여동생의 집에 머물렀습니다. 여동생 집에 쉬고 있던 어느 날 동생 부부가 진수성찬의 공양을 준비하는 광경을 목격하게 됩니다.

"큰 잔치를 하는 것이냐? 이리 많이 준비하는 진수성찬은 누구를 위한 것이냐?"

"부처님께 공양을 올리려 합니다."

동생의 진심어린 공양에 수닷따는 부처님이 어떤 분인지 궁금해졌습니다. 그래서 부처님을 뵙기 위해 죽림정사로 향했습니다. 이른 새벽 부처님은 죽림정사 근처의 공동묘지 주변을 포행하고 계셨습니다. 공포심이 몰려올 때쯤 부처님이 말씀하셨습니다.

"그대로 나아가라! 그대로 나아가라!"

두려워서 꿈쩍도 않던 발이 움직이기 시작했습니다.

"부처님이시여! 죽음이 무섭지 않으십니까?"

"나는 이미 번뇌가 소멸됐기 때문에 어느 곳에 있든 상관없다."

수닷따 장자는 부처님께 법문을 들었습니다. 생사와 사성제에 대한 법문은 수닷따의 마음을 흔들었습니다.

날이 밝자 수행자들의 모습이 보였습니다. 수만 명의 수행자들이 숲을 이뤄 수행하고 있는 모습에 수닷따는 환희심이 솟구쳤습니다. 그리고 다짐합니다. 꼬살라에도 부처님이 계실 만한 절을 만들어드리겠다고 맹세합니다.

수닷따 장자와의 만남

꼬살라국 수도 사왓띠의 수닷따 장자는
평소 어려운 이웃들을 위해 끊임없는 보시를 해 옴.

"큰 잔치를 하는 것이냐? 이리 많이 준비하는 진수성찬은 누구를 위한 것이냐?"
"부처님께 공양을 올리려 합니다."
동생의 진심어린 공양에 수닷따는 부처님의 정체가 궁금해짐. 죽림정사로
부처님을 찾아뵘.

"그대로 나아가라! 그대로 나아가라!"
"부처님이시여! 죽음이 무섭지 않으십니까?"

"나는 이미 번뇌가 소멸됐기 때문에 어느 곳에 있든
상관없다."

생사와 사성제에 대한 부처님의 법문은 수닷따의 마음을 흔듬.
수만 명의 수행자들이 숲을 이뤄 수행하고 있는 모습에 수닷따는 환희심이
솟구침.
꼬살라에도 부처님이 계실 만한 절을 만들어드리겠다고 맹세함.

기원정사의 건립

수닷따는 라자가하 여동생의 집에서 부처님과 수행자들을 위해 공양을 올렸습니다. 수많은 사람들이 돕겠다고 했지만 혼자서 많은 대중의 공양 준비를 해 냈습니다. 공양 말미에 수닷따는 사왓띠로 오셔서 많은 중생들을 제도해 줄 것을 부처님께 청했습니다.

수닷따는 라자가하에서 사왓띠로 오는 길목마다 부처님과 수행자들이 쉴 수 있는 공간을 마련했습니다. 사왓띠에 돌아온 수닷따는 사원의 조건을 생각했습니다.

'첫째 도시에서 너무 멀리 떨어져서는 안 된다. 둘째, 도시와 너무 가까워서도 안 된다. 셋째, 길이 연결되어 있어야 한다. 넷째, 모든 사람이 쉽게 접근할 수 있어야 한다. 다섯째, 5가지 애욕을 위해 모여든 사람들이나 그들의 마을, 도시에서 나는 소음으로부터 벗어나 있어야 한다.'

장소를 물색하던 수닷따는 제따 왕자의 동산이 적합하다고 판단해 달려갔습니다. 제따 왕자는 "동산 전체를 금으로 뒤덮을 수 있다면 동산을 팔겠다."고 했고 수닷따는 곧바로 동산 전체에 금을 깔기 시작했습니다.

불같은 수닷따의 추진력에 결국 제따 왕자도 마음을 내어 홍예문 건립비용을 보시합니다.

"수닷따가 저렇게 엄청난 보시를 하는 것을 보면 그야말로 이 보시행은 거룩한 것이며, 행복의 근원임에 틀림없다."

기원정사는 부처님이 『금강경』을 비롯해 현재 전하는 경전의 3분의 2 정도를 설한 곳이자 24회의 안거를 지내며 가장 오래 머문 수행처입니다. 수닷따 장자의 정성이 그만큼 컸다는 반증이 아닐까 합니다.

기원정사의 건립

수닷따는 라자가하 여동생의 집에서 부처님과 수행자들을 위해 공양을 올리고,
라자가하에서 사왓띠로 오는 길목마다 부처님과 수행자들이 쉴 수 있는
공간을 마련함.

사왓띠에 돌아와 사원의 조건을 생각하고
장소를 물색하던 수닷따는 제따 왕자의 동산이 적합하다고 판단.

"동산 전체를 금으로 뒤덮을 수 있다면 동산을 팔겠다."는 제따 왕자.
수닷따는 곧바로 동산 전체에 금을 깔기 시작함.

수닷따가 저렇게 엄청난 보시를 하는 것을
보면 그야말로 이 보시행은 거룩한
것이며, 행복의 근원임에 틀림없다.

기원정사는 부처님이 『금강경』을 비롯해 현재 전하는 경전의 3분의 2 정도를
설한 곳이자 24회의 안거를 지내며 가장 오래 머문 수행처.

빠세나디왕의 귀의

꼬살라국과 마가다국은 당시 인도의 맹주였습니다. 마가다국에 빔비사라왕이 있었다면 꼬살라국에는 빠세나디왕이 있었습니다. 둘 다 매우 영민했고 백성들을 위해 헌신하는 공통점이 있었습니다.

빠세나디는 그의 부인 말리까 왕비가 친견할 것을 권유하기 전까지는 부처님에 대한 관심이 그리 많지 않았습니다. 너무나 사랑하는 왕비의 청을 거절할 수 없어 빠세나디는 기원정사로 향했습니다. 빠세나디가 본 부처님의 첫인상은 '별로'였습니다. 나이도 많지 않고 마른 모습에 눈을 흘겼습니다.

"대왕이시여! 왕자, 독사, 불씨, 수행자는 아무리 작아도 가볍게 봐서는 안 됩니다. 청정한 계율은 갖추고 부지런히 지혜를 갈고 닦으면 그는 반드시 아라한이 됩니다. 번뇌의 뿌리를 모조리 뽑아버린 아라한은 존경을 받을 만한 사람입니다."

부처님이 의미심장한 말씀을 전하자, 빠세나디왕은 얼른 자세를 고쳤습니다. 그리고 긴 시간 문답을 주고받았습니다.

부처님은 백성들을 대할 때의 마음가짐, 수행할 때의 자세, 권력의 무상함 등에 대해 설명했습니다. 빠세나디는 부처님의 말씀을 듣고 그동안 자신이 보였던 모습이 너무 초라함을 느꼈습니다.

이후에도 빠세나디는 시간이 날 때마다 기원정사를 찾아 부처님께 가르침을 받았습니다. 살라나무숲에 사원을 지어 부처님께 보시하기도 했습니다. 빠세나디왕은 말리까 왕비와 함께 부처님의 든든한 후원자가 되어 진리의 구현자를 외호하는 데 앞장섰습니다.

빠세나디왕의 귀의

당시 인도의 맹주였던 꼬살라국과 마가다국

마가다국의 빔비사라왕, 꼬살라국의 빠세나디왕.
사랑하는 왕비의 청으로 기원정사로 향한 빠세나디왕. 부처님을 탐탁치 않게
여기는 듯해 보이는 빠세나디왕에게 해 주신 말씀

대왕이시여! 왕자, 독사, 불씨, 수행자는 아무리 작아도
가볍게 봐서는 안 됩니다. 청정한 계율을 갖추고 부지런히
지혜를 갈고 닦으면 그는 반드시 아라한이 됩니다.
번뇌의 뿌리를 모조리 뽑아버린 아라한은 존경을 받을
만한 사람입니다.

더불어 백성들을 대할 때의 마음가짐, 수행할 때의 자세, 권력의 무상함
등에 대해서도 자상하게 얘기해 주시는 부처님의 말씀을 듣고 빠세나디왕은
그간 자신의 모습이 너무 초라해짐.

살라나무숲에 사원을 지어 부처님께 보시함.
빠세나디왕은 말리까 왕비와 함께 부처님의 든든한 후원자로
진리의 구현자를 외호하는 데 앞장섬.

물보다 중요한 것

부왕 숫도다나왕의 병환이 깊다는 소식을 듣고 부처님은 까삘라왓투로 향했습니다. 그런데 당시에 극심한 가뭄으로 로히니강이 말라가고 있었습니다. 강물을 두고 사꺄족과 꼴리야족 사이에는 일촉즉발의 긴장감이 감돌다가 결국 양 부족 간에 주먹다짐이 일어났습니다. 그때 다친 사람의 숫자를 헤아리기 어려울 정도로 싸움이 격해졌습니다. 서로 오해할 만한 험한 말들이 바람을 타고 강을 넘나들기 시작했습니다. 감정은 더욱더 격화되고 분노는 조절할 수 없는 지경이 되었습니다.

이 소식을 들은 부처님은 양 부족 사이로 나아갔습니다. 서로에게 칼과 창을 겨누고 있는 그들 앞에 섰습니다. 그리고 양쪽의 사람들에게 말했습니다.

"강물과 사람의 생명 중 어느 것이 더 소중합니까?"

순식간에 정적이 찾아왔습니다. 누군가 나지막한 목소리로 대답했습니다.

"사람 목숨이 더 중요합니다."

"부디 싸우지 말고 화합하셔야 합니다. 화합해야 더 행복하고 평안합니다. 서로의 오해는 이 자리에서 푸십시오. 평화를 사랑하는 사람들만이 번영을 누릴 수 있습니다. 누구보다 평화와 조화를 사랑하는 두 부족이 서로의 마음을 조금만 이해하면 더 안락한 삶을 살 수 있을 것입니다."

부처님 말씀을 이해한 양 부족 사람들은 마음을 풀고 무기를 내려놓았습니다. 이후 양 부족은 각각 250명을 선발해 부처님을 보좌하도록 했습니다. 500명의 사람들을 이끌고 부처님은 사꺄족과 꼴리야족을 오가며 감로수 법문을 내리셨습니다. 사람들은 부처님의 청량한 법문을 듣고 마음의 갈증을 풀어주고 갈라진 마음을 채워 평화를 되찾았습니다.

물보다 중요한 것

극심한 가뭄으로 강물을 두고 일어난 사꺄족과 꼴리야족의 분쟁.
다친 사람의 숫자를 헤아리기 어려울 정도가 됨.

이 소식을 들은 부처님은 양 부족 사이로 나아가 중재함.

강물과 사람의 생명 중 어느 것이 더 소중합니까? 화합해야 더 행복하고 평안합니다.
서로의 오해는 이 자리에서 풀어야 합니다. 평화를 사랑하는 사람들만이 번영을 누릴 수
있습니다.

부처님 말씀을 이해한 양 부족 사람들은 마음을 풀고 무기를 내려놓음.

500명의 사람들을 이끌고 부처님은 사꺄족과 꼴리야족을 오가며 감로수
법문을 내려 마음의 갈증을 풀어 주고 갈라진 마음을 채워 평화로 이끌어주심.

숫도다나왕의 죽음

물싸움을 지혜롭게 풀어준 뒤 부처님은 잠시 숨을 돌렸습니다. 그때 사꺄족의 대신이 허겁지겁 달려와 숫도다나왕의 소식을 전했습니다.

"대왕님의 병세가 아주 위중합니다. 부처님이시여! 어서 궁궐로 가시지요!"

난다를 먼저 보낸 뒤 부처님도 이윽고 궁궐에 도착했습니다.

"부처님이시여! 나의 아들로 태어나 부처가 되겠다는 꿈을 이루셨으니 나를 고통에서 벗어나게 해 주십시오."

"걱정하지 마십시오. 근심을 버리고 법(法)을 생각하세요. 마음이 흔들리지 않으면 됩니다. 기쁜 마음으로 임종을 맞으시되 마음을 편안하게 가지십시오."

숫도다나왕의 형제들도 위로했습니다.

"형님! 여기 부처님도 계시고 난다와 아난다, 라훌라까지 다 있습니다. 그 어떤 악마들도 형님을 괴롭히지 못할 것입니다."

숫도다나왕은 누워서 합장한 채로 눈을 감았습니다. 장례를 치르게 되자 부처님은 직접 부왕의 관을 메겠다고 하셨습니다. 그러나 이를 반대한 천신들이 사람으로 변해 대신 관을 이운했습니다. 부처님은 아버지를 다비하며 말씀하셨습니다.

"이 세상은 모두 무상하다. 영원한 것은 어디에도 없다. 우리 모두는 잠시 머물다 갈 뿐이다. 우리 모두 게으르지 말고 열심히 정진하여 생사(生死)의 괴로움에서 벗어나도록 해야 할 것이다."

숫도다나왕은 나이 40이 넘어 부처님을 낳았습니다. 뒤늦게 낳은 아이가 전륜성왕이 되는 것을 보지는 못했지만 진리의 법왕(法王)이 되신 부처님을 보면서 행복한 죽음을 맞이했습니다.

슛도다나왕의 죽음

부처님이시여! 나의 아들로 태어나 부처가 되겠다는 꿈을 이루셨으니 나를 고통에서 벗어나게 해 주시오.

걱정하지 마십시오. 근심을 버리고 법(法)을 생각하세요. 마음이 흔들리지 않으면 됩니다. 기쁜 마음으로 임종을 맞으시되 마음을 편안하게 가지십시오.

슛도다나왕은 누워서 합장한 채로
진리의 법왕(法王)이 되신 부처님을 보면서 행복한 죽음을 맞이함.

이 세상은 모두 무상하다. 영원한 것은 어디에도 없다. 우리 모두는 잠시 머물다 갈 뿐이다. 우리 모두 게으르지 말고 열심히 정진하여 생사(生死)의 괴로움에서 벗어나도록 해야 할 것이다.

시자 아난다

부처님을 가장 오랫동안 모시면서 부처님의 시중을 들어준 제자는 아난다입니다. 그러나 아난다가 처음부터 부처님을 수행한 것은 아닙니다.

부처님의 첫 시자는 5비구 중 한 사람인 안냐꼰단냐입니다. 부처님의 전도선언으로 전법에 나선 안냐꼰단냐 이후 많은 시자들이 있었습니다. 메기야는 자신의 수행을 위해 부처님 곁을 떠났다 다시 돌아오기도 했고, 나가사말라는 부처님의 뜻을 거스르고 떠났다 도적떼를 만나기도 했습니다.

부처님 성도 후 20년이 지났을 때 부처님은 앞으로 오랫동안 당신을 시봉할 제자를 찾았습니다. 기원정사에 머물던 80명의 수행자들이 부처님이 머물던 향실로 모였습니다. 사리뿟따가 자청을 했지만 부처님보다 나이가 많았기에 시봉할 수 있는 상황이 되지 않았습니다. 그때 많은 사람들이 아난다를 추천했습니다. 아난다가 대신 부처님께 조건을 내걸었습니다.

"부처님께서 보시 받은 옷을 저에게 주시지 않는다면, 부처님 발우에 공양 받은 음식을 저에게 주시지 않는다면, 부처님께서 거처하시는 방에서 함께 지내자고 하지 않으신다면, 부처님께서 초대받은 자리에 저를 데려가지 않으신다면, 제가 초대받은 자리에 부처님께서 동행해 주신다면, 먼 곳에서 사람이 왔을 때 언제든 데려오도록 허락해 주신다면, 제가 의심나는 것이 있을 때 언제든 질문할 수 있도록 허락하신다면, 제가 없을 때 해 주신 법문을 제가 돌아왔을 때 다시 설해 주신다면 기쁜 마음으로 부처님을 모시겠습니다."

부처님은 흔쾌히 아난다의 조건(?)을 수락하셨습니다. 아난다는 뛰어난 총기와 근기로 부처님의 말씀을 모두 기억해 냈고 부처님 열반 후 경전을 결집하는 데 큰 역할을 합니다.

시자 아난다

부처님의 첫 시자는 5비구 중 한 사람인 안냐꼰단냐.
부처님의 전도선언으로 전법에 나선 안냐꼰단냐 이후 많은 시자들이 있었는데,
부처님 성도 후 20년이 지났을 때 부처님은 오랫동안 당신을 시봉할 제자를 찾음.
많은 사람들이 아난다를 추천. 아난다가 부처님께 내건 조건.

제가 의심나는 것이 있을 때 언제든
질문할 수 있도록 허락하신다면,
제가 없을 때 해 주신 법문을 제가
돌아왔을 때 다시 설해 주신다면
기쁜 마음으로 부처님을 모시겠습니다.

아난다는 뛰어난 총기와 근기로 부처님의 말씀을 모두 기억함으로써
부처님 열반 후 말씀을 결집하는 데 큰 역할을 하게 됨.

여성의 출가

숫도다나왕이 죽고 의지처를 잃은 마하빠자빠띠는 꼴리야족과의 물 분쟁 당시 출가한 비구들의 부인 등 모두 500명의 여인들을 이끌고 부처님을 찾아옵니다. 이유인즉슨 여성도 출가를 할 수 있도록 해 달라는 청을 올리기 위한 것이었습니다. 하지만 부처님은 무려 세 번이나 거절을 합니다.

마하빠자빠띠는 이에 굴하지 않고 500명의 여인과 함께 모두 삭발을 하고 노란 분소의를 두르고 웨살리로 따라왔습니다. 곱고 고왔던 여인들의 몸은 먼지를 뒤집어쓰고 머리부터 발끝까지 상처투성이가 되었습니다. 마하빠자빠띠는 계속 부처님께 애원을 하지만 돌아온 것은 '안 된다'였습니다.

이를 지켜보던 아난다가 부처님께 여인들의 출가를 허락해 달라고 말씀을 올립니다.

"부처님! 여성들도 출가하여 수행하면 남자와 같이 아라한이 될 수 있습니까?"

"물론이다. 수다원과를 얻고, 사다함과를 얻고, 아나함과를 얻고, 아라한과를 증득할 수 있다."

"부처님이시여! 그렇다면 마하빠자빠띠에게도 그런 기회를 주십시오."

"아난다야! 마하빠자빠띠가 비구를 공경하는 여덟 가지 법을 받아들인다면 출가 수행자로서 우리 교단에 들어오는 것을 허락하겠다."

열리지 않을 것 같던 여성 출가의 문이 작은 틈을 보이기 시작했습니다. 마하빠자빠띠와 500명의 여성이 출가를 하게 되자 그동안 숨죽이며 출가를 발원하던 여성들의 출가가 봇물을 이뤘습니다.

여성의 출가

숫도다나왕이 죽고 의지처를 잃은 마하빠자빠띠는 꼴리야족과의 물 분쟁 당시 출가한 비구들의 부인 등 모두 500명의 여인들을 이끌고 여성도 출가할 수 있도록 허락받기 위해 부처님을 찾아감.
무려 세 번이나 거절하는 부처님께 아난다가 여인들의 출가를 허락해 달라고 말씀 드림.

부처님! 여성들도 출가하여 수행하면 남자와 같이 아라한이 될 수 있습니까?

물론이다. 수다원과를 얻고, 사다함과를 얻고, 아나함과를 얻고, 아라한과를 증득할 수 있다.

그런데 왜 마하빠자빠띠의 출가를 허락하지 않느냐며 출가를 허락해 달라고 요청하자.

아난다야! 마하빠자빠띠가 비구를 공경하는 여덟 가지 법을 받아들인다면 출가 수행자로서 우리 교단에 들어오는 것을 허락하겠다.

마하빠자빠띠와 500명의 여성이 출가하게 되자 그동안 숨죽이며 출가를 발원하던 여성들의 출가가 봇물을 이룸.

여성 수행자들을 위한 법

여기서 부처님은 아난다와 마하빠자빠띠에게 한 가지 조건을 걸었습니다. 바로 팔경계법입니다.

'첫째, 비구니는 반드시 비구에게 구족계를 받아야 한다. 둘째, 보름마다 비구에게 가서 가르침을 받아야 한다. 셋째, 비구니의 거주처에 비구가 없으면 안거를 할 수 없다. 넷째, 안거를 마치고 공부한 내용에 대해 비구를 청해 물어야 한다. 다섯째, 비구가 비구니에게 질문을 허락하지 않으면 비구니는 비구에게 묻지 말아야 한다. 여섯째, 비구는 비구니의 잘못을 지적하여도 비구니는 비구의 잘못을 말하지 못한다. 일곱째, 만약 승잔죄를 범했을 때는 대중 앞에서 15일 동안 근신해야 한다. 여덟째, 비구니계를 받은 지 설사 100년이 되었다 하더라도 초학 비구에게 절하고 공경해야 한다.'

부처님께서 위와 같은 팔경계법을 제시하신 이유는 명확하지 않습니다. 다만 몇 가지를 생각해 볼 수 있습니다.

우선 그 당시 사회 분위기를 생각해 봐야 합니다. 인도는 가부장적 남성중심 사회였습니다. 바라문들 역시 여성의 출가를 인정하지 않았습니다. 무엇보다 숲에서 수행을 해야 하는 상황에서 여성의 안전을 위협하는 요소가 많았습니다. 따라서 비구의 지도 내지는 보호가 중요했습니다. 비구의 보호를 받으며 수행할 수 있는 분위기가 만들어진 이후 여성들의 출가를 허락하셨다고 볼 수 있을 것입니다.

적지 않은 사람들이 오해를 합니다. 부처님께서 여성 차별을 한 것이 아니냐고 말합니다. 자칫 그렇게 오해할 수도 있지만 부처님 말씀의 낙처를 생각하면 이는 쉽게 해결될 수 있는 문제입니다.

여성 수행자들을 위한 법

부처님은 아난다와 마하빠자빠띠에게 여성 출가를 허락하며 팔경계법 제시.

부처님께서 팔경계법을 제시하신 이유는 무엇일까?

인도사회는 가부장제적 남성중심사회였음.

당시 바라문들 역시 여성의 출가를 인정하지 않음.

숲에서 수행해야 하는 상황에서 여성의 안전은 쉽게 위협받을 수 있었음.

따라서 비구의 지도 내지는 보호가 중요했음.

비구의 보호를 받으며 수행할 수 있는 분위기가 만들어진 이후

여성들의 출가를 허락하셨다고 볼 수 있음.

비구니가 된 케마 왕비

부처님께서 열반에 드신 이후 500년도 되지 못해 비구니제도는 사라지고 말았습니다. 인도 전통 사상에서 여성이 전륜성왕, 부처님, 제석천왕, 마왕, 범천왕이 될 수 없다는 5불가론이 여전했기 때문입니다.

부처님 당시 훌륭한 여성 수행자가 많이 있었지만, 그 중에서도 케마 왕비는 단연 돋보입니다. 케마는 빔비사라왕의 세 번째 왕비였습니다. 부처님의 평생 신도이자 든든한 후원자였던 빔비사라왕의 부인이었지만 처음에는 부처님 뵙기를 주저했습니다. 야소다라와 라훌라를 놔두고 출가했던 부처님이 못마땅했던 것입니다.

빔비사라왕이 시간만 나면 죽림정사를 찾았기에 부처님에 대한 얘기가 자연스럽게 들리기 시작했습니다. 시간이 흘러 케마가 혼자 죽림정사로 부처님을 찾아갔습니다. 선정에 들었던 부처님은 케마가 온 것을 알고 법문을 해 주셨습니다.

"여인의 아름다움이라는 것은 없다. 당신의 아름다움도 순간일 뿐이다. 모두가 늙고 병 들며 언젠가는 죽음을 맞이한다. 탐욕과 분노와 어리석음을 버리고 자신의 본 모습을 바라볼 수 있어야 한다. 교만과 아만을 버리면 곧 편안한 열반에 도달할 것이다."

자신이 생각했던 모습과 너무나 다른 부처님의 모습에서 케마 왕비는 무너졌습니다. 지난날이 후회스러웠습니다. 왕궁에 돌아온 케마는 빔비사라왕에게 출가 결심을 전합니다. 잠시 주저하던 빔비사라왕은 직접 왕비의 출가의식을 준비해 줍니다. 부처님은 비구니가 된 케마에게 훗날 "비구니 제자 가운데 제일가는 지혜를 가진 수행자"라고 칭찬을 아끼지 않았습니다.

비구니가 된 케마 왕비

부처님께서 열반에 드신 이후 500년도 되지 못해 비구니 제도는 사라짐.

부처님 당시 출중한 여성 수행자 중 단연 돋보이는 케마 왕비!
케마는 빔비사라왕의 세 번째 왕비였음.

케마는 홀로 죽림정사로 부처님을 뵈러감.
선정에 들었던 부처님은 케마가 온 것을 알고 법문을 설함.

여인의 아름다움이라는 것은 없다. 당신의 아름다움도 순간일 뿐이다.
모두가 늙고 병들며 언젠가는 죽음을 맞이한다. 탐욕과 분노와 어리석음을
버리고 자신의 본 모습을 바라볼 수 있어야 한다. 교만과 아만을 버리면
곧 편안한 열반에 도달할 것이다.

왕궁에 돌아온 케마는 빔비사라왕에게 출가 결심을 전함.
부처님은 비구니가 된 케마에게 훗날 "비구니 제자 가운데 제일가는 지혜를
가진 수행자"라고 칭찬함.

불가촉천민 소녀의 출가

부처님께서 기원정사에 계실 때 아난다가 탁발을 하러 나갔다가 쁘라끄리뜨라는 소녀에게 물 한잔을 청했습니다. 그 소녀는 당돌하게 "저는 불가촉천민이어서 물을 드릴 수 없다."고 말합니다. 소녀는 물을 주지 않았지만 아난다의 준수한 외모와 바르고 위엄 있는 모습에 반하고 말았습니다.

소녀는 집에 돌아와 어머니에게 "아난다 비구에게 시집가겠다."고 선언합니다. 공양을 핑계 삼아 아난다를 집으로 초대한 어머니는 자초지종을 설명합니다. "저는 출가승이라 어떤 여자와도 결혼할 수 없습니다."

다음날 소녀가 기원정사로 찾아와 아난다에게 매달렸습니다. 그래도 거절하자 소녀는 스스로 삭발을 하고 다시 왔습니다. 미소를 지으시며 소녀를 바라보던 부처님이 말씀하셨습니다.

"너는 아난다의 무엇을 원하느냐? 아난다의 몸 어느 부분을 사랑하는가?" "아난다 스님의 눈, 코, 입부터 다 사랑합니다."

"눈에서는 눈물이 나고, 코에서는 콧물이 나오고, 입은 침이 나오는 곳이다. 다른 곳도 마찬가지다. 나중에 결혼을 하게 되면 아이가 태어날 것이다. 그러나 모든 사람은 반드시 죽게 된다. 네가 아난다와 결혼해서 얻으려는 것이 무엇이냐?"

소녀는 답을 할 수 없었습니다. 생각에 잠긴 소녀는 "부처님의 말씀을 듣고 이제야 미망에서 깨어나는 것 같습니다."라고 실토합니다.

쁘라끄리뜨는 불가촉천민 출신이었지만 출가해서 그 어느 비구니보다 뛰어난 수행자가 되었습니다.

불가촉천민 소녀의 출가

부처님께서 기원정사에 계실 때 아난다가 탁발을 하러 나갔다
쁘라끄리뜨라는 소녀에게 물 한잔을 청함.

저는 불가촉천민이어서 물을 드릴 수 없습니다.

아난다 비구에게 반한 쁘라끄리뜨는
"아난다 비구에게 시집가겠다."고 선언.
공양을 핑계삼아 아난다를 집으로 초대한 어머니는 자초지종을 설명.

저는 출가승이라 어떤 여자와도 결혼할 수 없습니다.

너는 아난다의 무엇을 원하느냐?
아난다의 몸 어느 부분을 사랑하는가?

아난다 스님의 눈, 코, 입부터 다 사랑합니다.

모든 사람은 반드시 죽게 된다. 네가 아난다와 결혼해서
얻으려는 것이 무엇이냐?

부처님의 말씀을 듣고 이제야 미망에서 깨어나는 것 같습니다.

도리천에 올라간 사연

부처님의 교단은 나날이 발전했습니다. 꼬삼비 장자 세 명의 귀의로 바라문 본토를 넘어 남쪽 이완티국까지 법이 전해졌습니다. 무더운 기후의 이완티국에서는 사정에 맞게 계율이 수정되어 포교에 힘이 실렸습니다.

교단이 커지면서 사소한 분쟁도 많이 일어났습니다. 사왓띠에 머물던 부처님은 제자들의 나태함과 오만을 경책하기 위해 가사와 발우를 들고 사라지셨습니다. 부처님은 그해 안거를 하늘나라 삼십삼천에서 보내셨습니다. 여기서 부처님은 제석천과 어머니 마야부인, 그리고 천녀들에게 진리의 법문을 전했습니다. 특히 마야부인과의 특별한 시간을 보냈습니다. 천신들도 마야부인의 공덕으로 부처님의 법문을 듣게 되었다며 기뻐했습니다.

안거가 끝날 무렵 마하 목갈라나가 도리천으로 올라와서 부처님께 지상으로 내려오시길 청했습니다.

"부처님이시여! 모든 수행 대중들이 자신들의 게으름과 오만을 뉘우치고 있습니다. 재가신도들 역시 부처님 뵙기를 학수고대하고 있습니다."

"사리뿟따는 지금 어디 있습니까?"

"지금 500명의 대중을 이끌고 상까시아에서 수행 중에 있습니다."

"그럼 7일 후에 상까시아로 가겠습니다."

부처님의 하강 소식을 들은 대중들이 상까시아로 향했습니다. 부처님은 삼도보계로 내려오셨습니다.

부처님과 불교를 비난하는 이유 가운데 하나가 바로 불효입니다. 하지만 부처님이 도리천에 올라가 어머니에게 법을 설하고 내려오신 상까시아는 불교가 효의 종교라는 것을 반증하는 것이 아닐까 생각됩니다.

도리천에 올라간 사연

교단이 커지면서 사소한 분쟁도 많이 일어남.
사왓띠에 머물던 부처님은 제자들의 나태함과 오만을 경책하기 위해
가사와 발우를 들고 사라짐.

부처님은 그해 안거를 하늘나라 삼십삼천에서 보내시면서 제석천과 어머니
마야 부인, 그리고 천녀들에게 진리의 법문을 전함.

안거가 끝날 무렵 마하 목갈라나가 도리천으로 올라와 부처님께 내려오시길 청함.

부처님이시여! 모든 수행대중들이 자신들의 게으름과 오만을 뉘우치고
있습니다. 재가신도들 역시 부처님 뵙기를 학수고대하고 있습니다.

부처님의 하강 소식을 들은 대중들이 상가시아로 향함.
부처님은 삼도보계로 내려오심.

부처님이 도리천에 올라가 어머니에게 법을 설하고 내려오신
상가시아는 불교가 효의 종교임을 반증.

수부띠 존자

부처님의 10대 제자 중 우리 불자들에게 가장 친숙한 사람을 꼽는다면 바로 수부띠(수보리) 존자라 할 수 있습니다. 『금강경』에 등장하는 수부띠 존자는 공(空)을 잘 이해해 해공(解空)제일로 통합니다.

이와 함께 "평화롭게 머무는 자들 가운데 으뜸"이라는 의미로 '무쟁제일(無爭第一)'이라고도 하며 "공양을 받을 만한 자들 가운데 으뜸"이라는 의미로 '피공제일(被供第一)'이라고도 불립니다.

수부띠 존자는 아나따삔디까 즉, 수닷따 장자의 조카입니다. 성질이 사납고 거칠었다 합니다. 자신을 통제하기 어려워 방황하던 수부띠는 기원정사 불사 낙성식 때 부처님의 법문을 듣고 제자가 되었습니다.

부처님과 관련하여 가장 잘 알려진 인연은 상까시아와 관련한 것입니다. 부처님께서 도리천에 올라가 어머니 마야부인에게 법문을 설한 뒤 내려오실 때 많은 제자들은 부처님을 뵙기 위해 상까시아로 향합니다.

그때 수부띠는 마가다국 라자가하 근처 짓자꾸따에 머물고 있었습니다. 부처님의 하강 소식에 상까시아로 출발하려다 문득 다른 생각을 하게 되었습니다.

"부처님의 형상은 무엇인가? 직접 뵙는 것이 중요한가? 일체 모든 존재는 텅 비고 고요하다고 하지 않았던가? 부처님께서는 모든 부처는 다 텅빈 존재임을 살피라고 하지 않았던가?"

이런 생각이 들자 수부띠는 그 자리에 다시 앉습니다. 그리고는 부처님의 가르침, 법신(法身)으로 부처님을 맞이하였습니다. 훗날 수부띠는 반야 계통의 경전을 결집하는 책임자가 되기에 이릅니다.

수부띠 존자

『금강경』에 나오는 수부띠 존자는
공(空)을 잘 이해해 해공(解空)제일로 통함.

수부띠 존자는 아나타삔디카 즉, 수닷따 장자의 동생으로
성질이 사납고 거칠었음.
자신을 통제하기 어려워 방황하던 수부띠는
기원정사 불사 낙성식 때 부처님의 법문을 듣고 제자가 됨.

부처님께서는 모든 부처는 다 텅빈 존재임을
살피라고 하지 않았던가?

수부띠는 부처님의 가르침,
법신(法身)으로 부처님을 맞이함.

수부띠는 반야 계통의 경전을 결집하는
책임자가 됨.

꼬삼비 분열

부처님이 꼬삼비에서 안거를 보내신 후 큰 분열이 일어났습니다. 경을 공부하는 장로가 화장실에서 사용하고 남은 물을 버리지 않고 남겨두었던 것이 발단이 되었습니다. 바로 다음 이용자였던 계율을 공부하는 장로가 이를 소문냈기 때문입니다. 어찌 보면 참회하고 아무렇지 않게 넘어갈 수 있는 사안이었지만 소문은 눈덩이처럼 커져 서로를 비난하고 몸싸움까지 벌이는 지경에 이르렀습니다.

이를 알게 된 부처님은 계율을 가르치던 장로를 만나 "계율에 앞서 서로의 화합이 중요하다."고 당부했고 경전을 가르치던 장로에게는 "사소한 일이라도 참회를 해야 한다."고 타일렀습니다. 하지만 두 집단의 대결은 더 격렬해졌고 재가신도들까지 가세해 볼썽사납게 되고 말았습니다.

부처님은 다시 말씀하셨습니다.

"비구들이여! 싸움을 멈추라. 다투거나 논쟁하지 말라. 원한은 원한을 버림으로써 풀릴 수 있다."

부처님은 무려 세 번이나 양쪽 비구들을 불러 당부했지만 멈추지 않았습니다. 부처님은 꼬삼비를 떠났고, 그 후 꼬삼비 승가에 대한 비난이 이어졌습니다. 재가신도들은 공양 올리는 것도 거부하며 승가의 각성을 촉구했습니다.

결국 비구들은 부처님께 참회를 올렸고 부처님은 다시 타이르셨습니다.

"모든 존재에게 폭력을 쓰지 말고, 누구에게도 상처를 주지 말라. 어질고 지혜로운 동반자, 성숙한 벗을 얻는다면 어떤 난관도 극복할 수 있을 것이다. 좋은 벗이 없다면 무소의 뿔처럼 혼자서 가라. 소리에 놀라지 않는 사자같이, 그물에 걸리지 않는 바람같이, 물과 진흙이 묻지 않는 연꽃같이, 무소의 뿔처럼 혼자서 가라!"

꼬삼비 분열

부처님이 꼬삼비에서 안거를 보내신 후 큰 분열이 일어남.

"계율에 앞서 서로의 화합이 중요하다."
"사소한 일이라도 참회를 해야 한다."
두 집단의 대결은 더 격렬해졌고 재가신도들까지 가세함.

"비구들이여! 싸움을 멈추라. 다투거나 논쟁하지 말라. 원한은 원한을 버림으로써 풀릴 수 있다."

부처님은 무려 세 번이나 양쪽 비구들을 불러 당부했지만 멈추지 않자, 부처님은 꼬삼비를 떠났고, 그 후 꼬삼비 승가에 대한 비난이 이어짐. 결국 비구들은 부처님께 참회함.

그물에 걸리지 않는 바람같이,
물과 진흙이 묻지 않는 연꽃같이,
무소의 뿔처럼 혼자서 가라!

외도들의 방해

부처님 법이 널리 전해지면서 외도들의 긴장도도 덩달아 높아졌습니다. 곳곳에서 부처님에 대한 음해와 모략, 전법 방해 등이 다반사로 일어났습니다.

대표적인 일화가 바라문 소녀 찐짜의 가짜 임신 사건이었습니다. 찐짜는 한 눈에 보기에도 아름다운 여인이었습니다. 찐짜는 어느 날 바라문들의 사주를 받고 사왓띠의 기원정사로 잠입하는 데 성공했습니다.

매일 저녁 기원정사 부근 외도 숙소에서 잠을 자면서 마치 기원정사 안에서 자고 나오는 것처럼 행세를 했습니다. 몇 달이 지나고 찐짜는 임신했음을 증명하듯 배에 물건을 넣어 부풀렸습니다.

사람들이 묻자 "부처님의 아이를 임신했다."며 소문을 내기 시작했습니다. 법문을 하던 부처님 앞에 당당히 서서 찐짜가 말했습니다.

"부처님! 당신의 법문은 정말 듣기 좋습니다. 당신의 입술도 그렇게 달콤했습니다. 당신이 준 선물인 뱃속의 아이는 어찌할까요? 호호호."

미동도 하지 않던 부처님이 말씀하셨습니다.

"진실은 나와 당신만이 알 것이오. 이제 그만하시오."

"그렇지요. 저와 부처님만이 진실을 알겠지요. 호호호. 이제 저와 이 아이를 어떻게 책임지실 것인가요?"

순간 배에 동여맸던 물건들이 우르르 떨어지기 시작했습니다. 거짓임신을 위해 썼던 도구들이 바닥에 뒹구는 것을 보고 대중들이 찐짜를 질책했습니다. 급기야 찐짜는 사람들에 의해 기원정사 밖으로 쫓겨나고 말았습니다. 사왓띠 사람들은 잠깐이나마 부처님을 의심했던 스스로를 반성하며 더욱 열심히 정진했습니다.

외도들의 방해

부처님 법이 확산되면서 긴장한 외도들이
곳곳에서 부처님에 대한 음해와 모략, 전법을 방해함.

대표적인 일화가 바라문 소녀 찐짜의 가짜 임신 사건.
매일 저녁 기원정사의 부근 외도의 숙소에서 잠을 자면서
마치 기원정사 안에서 자고 나오는 것처럼 행세함.

부처님의 아이를 임신했다. 부처님! 당신의 법문은 정말 듣기 좋습니다.
당신의 입술도 그렇게 달콤했습니다. 당신이 준 선물인 배 속의
아이는 어찌할까요?

진실은 나와 당신만이 알 것이오. 이제 그만하시오.

순간 배에 동여맸던 물건들이 우르르 떨어짐.
거짓 임신을 위해 썼던 도구들이 뒹굴자 대중들이 찐짜를 질책.

사왓띠 사람들은 부처님을 의심했던 순간을 반성하며 더욱 열심히 정진함.

여인의 급작스런 죽음

자이나교의 수행자들은 부처님의 출현으로 큰 타격을 입은 사람들 중 하나였습니다. 부처님의 설법을 듣고 사람들이 부처님께 구름처럼 몰려가는 것을 지켜보고 있어야만 했습니다.

급기야 그들은 순다리라는 여인을 부처님에게 접근시킵니다. 순다리는 온갖 치장을 하고 죽림정사로 갔습니다. 저녁을 죽림정사에서 보내고 아침이면 시내에 나와 부처님과 함께 밤을 보냈다고 소문내는 일이 이어졌습니다.

부처님에 대한 사람들의 시선이 곱지 않을 때쯤 자이나교 사람들은 순다리를 죽이고 죽림정사 근처에 매장해 버렸습니다.

그리고는 다시 소문을 냈습니다. 부처님 방을 드나들던 순다리가 실종됐다고 말입니다. 그리고 죽림정사 근처를 뒤져야 한다며 신고를 했습니다. 처참한 몰골의 순다리의 시신은 '당연한 듯' 죽림정사 근처에서 발견되었습니다.

자이나교도들은 벌떼처럼 들고 일어나 부처님의 소행이라고 떠들었습니다. 부처님은 이번에도 묵빈대처로 일관했습니다.

진실은 금방 드러났습니다. 순다리를 살해한 자객들이 술집에서 살인의 대가를 나누다 술에 취해 싸움을 벌였고 결국 자신들이 저지른 일임을 발설하고 만 것입니다.

부처님의 명성에 흠집을 내기 위해 벌였던 자작극은 금방 탄로 나고 말았습니다. 라자가하에서 자이나교 수행자들에 대한 비난은 걷잡을 수 없었습니다.

외도들의 공격이 거세질수록 부처님과 불교 교단의 교세는 더 커졌습니다. 불교는 부처님에 대한 믿음을 바탕으로 대중 속으로 더욱 깊이 스며들었습니다.

여인의 급작스런 죽음

부처님의 출현으로 불교로 개종하는 신자들이 늘어나
자이나교의 수행자들은 큰 타격을 입음.

순다리를 온갖 치장을 해서 죽림정사로 보냄.
저녁을 죽림정사에서 보내고 아침이면 시내에 나와
부처님과 함께 밤을 보냈다고 소문 내는 일이 이어짐.

부처님에 대한 사람들의 시선이 곱지 않을 때쯤
자이나교 사람들은 순다리를 죽이고 죽림정사 근처에 매장함.

자이나교도들은 벌떼처럼 들고 일어나 부처님의 소행이라고 떠들어댐.

부처님은 이번에도 무반대처로 일관함.

부처님의 명성에 흠집을 내기 위해 벌였던 자작극은
금방 탄로. 라자가하에서 자이나교 수행자들에
대한 비난은 걷잡을 수 없었음.
외도들의 공격이 거세질수록 부처님의
위력은 더 커지고, 불교는 부처님에
대한 믿음을 바탕으로 대중 속으로 깊숙이 다가가게 됨.

계속되는 귀의

부처님의 중생제도는 계속되었습니다. 몇몇 사례에서 부처님이 얼마나 크나큰 자비심으로 사람들을 무명에서 건져 주시려 했는지 쉽게 알 수 있습니다.

부처님께서 사왓띠 기원정사에 계실 때 아난다와 함께 탁발에 나섰다가 똥을 치우는 니다이를 만났습니다. 니다이는 불가촉천민 신분에다 똥통을 지고 있어서 감히 부처님을 친견할 생각을 하지 못했습니다.

부처님은 니다이의 마음을 알고 가까이 다가갔지만 니다이는 오히려 움츠러들었습니다. 부처님께 누가 될까 길을 돌아서다 그만 똥통이 박살나고 말았습니다. 니다이 본인은 물론 부처님과 주변에 있던 사람들이 오물을 뒤집어쓰게 되었습니다. 안절부절못하는 니다이를 보고 부처님이 손을 내밀었습니다.

"부처님이시여! 저는 감히 부처님의 손을 잡을 수 없습니다. 부디 저에게 오지 마십시오."

"니다이야! 나와 함께 저 강으로 가서 오물을 씻어내자. 강물로 오물을 씻어내듯 진리의 법으로 너의 어둠을 벗겨내 주리라. 신분과 계급은 나의 법(法) 안에서 아무 문제가 되지 않는다."

부처님은 직접 니다이의 몸을 씻겨 주셨습니다. 부처님을 경계하던 니다이의 눈빛도 점차 편안함을 되찾았습니다.

니다이처럼 부처님께서 불가촉천민을 제도한 사례는 경전에 많이 나옵니다. 부처님은 언제나 신분에 구애받지 않고 사람들을 만났습니다. 왕에서부터 불가촉천민까지 모두가 부처님과 함께하는 사람들이었습니다. 아무리 신분이 낮아도 부처님 법은 청정하고 평등해 누구도 쉽게 받아들일 수 있었습니다.

계속되는 귀의

부처님과 니다이의 만남.
불가촉천민 신분의 니다이, 똥통을 지고 있어서
감히 부처님 친견할 생각조차 못함.

부처님은 니다이의 마음을 알고 가까이 다가오시자
니다이가 당황해서 똥통을 떨어뜨림.
니다이 본인은 물론 부처님과 주변 사람들이 오물을 뒤집어쓰게 됨.

니다이야! 나와 함께 저 강으로 가서 오물을 씻어내자. 강물로 똥을 씻어내듯 진리의 법으로 너의 어둠을 벗겨내 주리라. 신분과 계급은 나의 법(法) 안에서 아무 문제가 되지 않는다.

스승에게 속은 제자

부처님이 기원정사에 계실 때의 일입니다. 사왓띠 사람들은 공포에 떨기 시작했습니다. 희대의 살인마 앙굴리말라가 99명을 죽이고 마지막 100번째 죽일 사람을 찾아 거리를 떠돌기 시작했기 때문입니다. '앙굴리'는 손가락, '말라'는 목걸이라는 뜻입니다.

앙굴리말라의 본명은 아힘사입니다. 아힘사는 '누구에게도 해를 끼치지 않는 사람'이라는 뜻입니다. 아힘사는 본인의 이름처럼 그 어떤 사람에게도 폐를 끼치지 않는 청년으로 자랐습니다. 박학다식했으며 사람들에게는 언제나 예의를 갖추는 반듯한 청년이었습니다.

아힘사는 공부하던 학당에서도 인기가 많았습니다. 어느 날 스승이 잠시 자리를 비운 사이 스승의 부인이 아힘사를 유혹했습니다. 아힘사는 부인의 유혹에 절대 넘어가지 않았습니다. 아힘사의 굳은 의지를 확인한 부인이 분풀이를 하듯 갑자기 자해를 시작했습니다. 바로 그때 스승이 돌아왔습니다.

"여보, 무슨 일이오? 무슨 일이 있었느냔 말이오?"

"당신이 아끼는 제자 아힘사가 저를 이렇게 만들었습니다. 아힘사를 벌해 주세요!"

아힘사는 당황했습니다. 스승의 질책이 억울했지만 참고 견뎠습니다. 부인의 말만 듣고 아힘사에게 화가 난 스승은 아힘사에게 그릇된 가르침으로 아힘사를 꾀었습니다.

"너는 하늘에서 태어나는 것이 소원이라고 했지? 그렇다면 지금부터 시작해서 해가 지기 전에 100명의 사람을 죽여 그들의 손가락으로 목걸이를 만들어라. 그렇게만 하면 하늘에서 태어날 수 있을 것이다."

하늘같은 스승의 명령에 아힘사는 당황했지만 이내 칼을 집어 들었습니다. 그리고는 시내로 나가 닥치는 대로 사람을 죽이기 시작했습니다.

스승에게 속은 제자

부처님이 기원정사의 계실 때 희대의 살인마 앙굴리말라로 인해 사왓띠 사람들은 공포에 떨게 됨.
앙굴리말라가 99명을 죽이고 마지막 100번째 죽일 사람을 찾아 거리를 떠돌기 시작했기 때문.

앙굴리말라의 본명의 아힘사.
그는 박학다식했으며 예의를 갖춘 청년이었음.
어느 날 스승이 잠시 자리를 비운 사이 스승의 부인이 아힘사를 유혹함.
아힘사가 거부하자 부인이 갑자기 자해를 시작하였고, 그때 스승이 돌아오자,

당신이 아끼는 제자 아힘사가 저를 이렇게 만들었습니다.
아힘사를 벌해 주세요!

아힘사는 스승의 질책이 억울했지만 참고 견딤.
스승은 아힘사에게 더 큰 복수를 하기 위해 명령을 내림.

100명의 사람을 죽여 그들의 손가락으로 목걸이를 만들어라.
그렇게만 하면 하늘나라에 태어날 수 있을 것이다.

멈추어라! 멈추어라!

거침없는 살인 소식에 장정들이 뛰어나와 앙굴리말라를 쫓기 시작했습니다. 숲으로 피하는 앙굴리말라의 모습을 기원정사의 수행자들도 지켜보았습니다. 수행자들은 급히 달려와 부처님의 탁발을 말렸습니다. 부처님은 변함없이 가사를 수하고 발우를 들었습니다. 그리고 앙굴리말라가 있는 숲으로 향했습니다.

마지막 한 명의 목숨을 거두지 못했다는 소식에 앙굴리말라의 어머니가 먼저 숲으로 와서 목을 내밀었습니다. 앙굴리말라가 어머니의 목을 거두려는 순간 숲에서 찬란한 빛이 들어오기 시작했습니다. 어머니를 죽이면 부처님도 어찌할 수 없이 앙굴리말라는 무간지옥에 떨어질 것이 뻔했습니다. 빛의 위력에 뒷걸음질 칠 때 부처님의 목소리가 들렸습니다.

앙굴리말라는 소리쳤습니다. "멈추어라!"

"그대는 아직도 남을 해치려는 마음을 멈추지 못하고 있다. 나는 아까부터 여기에 서 있는데, 너는 멈추지 못하고 있구나! 앙굴리말라여, 멈추어라!"

"멈추어라!"라는 부처님의 말씀 한 마디에 앙굴리말라는 정신이 번쩍 들었습니다. 부처님의 설법을 들은 그는 기원정사로 가 출가사문이 되었습니다.

부처님에게 감화돼 출가했다는 소문이 나자 사왓띠 시내는 다시 발칵 뒤집혔습니다. 수행자가 된 앙굴리말라는 사람들로부터 모진 수모를 겪었습니다.

"아힘사! 참아내야 한다. 너에 대한 분노와 원망은 아주 오래 갈 것이다."

부처님은 끝까지 인내하라고 당부했고, 앙굴리말라는 아라한이 되었습니다. "구름에서 모습을 드러낸 달처럼 이 세상을 비출 수 있는 수행자가 되었다."고 전해지고 있습니다.

멈추어라! 멈추어라!

거침없는 앙굴리말라의 살인 소식에 장정들이 뛰어나와 앙굴리말라를 쫓기 시작함.
부처님은 여느 때처럼 가사를 수하고 발우를 들고
앙굴리말라가 있는 숲으로 향함.

마지막 한 명의 목숨을 거두기 위해 자기 어머니를 해치려는 앙굴리말라에게,

앙굴리말라야, 멈추어라. 앙굴리말라야, 멈추어라! 그대는 아직도 남을
해치려는 마음을 멈추지 못하고 있다. 나는 아까부터 여기에 서 있는데,
너는 멈추지 못하고 있구나!

부처님의 말씀을 듣고 정신이 번쩍 든 앙굴리말라!
부처님께 귀의하고 출가사문이 됨.
수행자가 된 앙굴리말라는 사람들로부터 모진 수모를 겪음.

아힘사! 참아내야 한다. 너에 대한
분노와 원망은 아주 오래 갈 것이다.

마침내 앙굴리말라는 "구름에서 모습을 드러낸 달처럼 이 세상을 비출 수
있는 수행자가 되었다."고 전해짐.

데와닷따의 살해 위협

데와닷따는 부처님의 사촌동생입니다. 사꺄족의 왕자들이 앞다투어 출가할 때 데와닷따도 수행자가 되었습니다. 부처님께서 다른 왕자들과 달리 데와닷따의 출가를 말렸다는 이야기는 훗날의 불행을 미리 막아보고자 하신 부처님의 뜻이 담겨 있습니다.

부처님이 라자가하의 죽림정사에 계실 때 데와닷따는 교단을 자신에게 맡겨줄 것을 부처님께 요청합니다. 하지만 부처님은 단호했습니다.

"데와닷따야! 나는 사리뿟따나 목갈라나에게도 교단을 맡기지 않고 있다. 하물며 너와 같은 수행자에게 교단을 맡길 수 있겠느냐? 수행에 더 집중하도록 하여라!"

수많은 대중들이 있는 자리에서 부처님은 여러 차례 거절 의사를 분명히 밝혔습니다. 부처님은 죽림정사를 떠나 수행처를 옮겼지만 데와닷따는 죽림정사에 계속 머물며 빔비사라왕의 후원을 마다하지 않았습니다. 데와닷따는 특히 빔비사라왕의 아들 아잣따삿뚜의 극진한 존경을 받으며 분파를 형성해 나갔습니다.

결국 데와닷따는 부처님을 살해할 계획을 세우고 실천에 옮깁니다. 먼저 궁수를 매수해 살해하려 하였지만 실패합니다. 궁수들이 부처님께 감화되고 만 것입니다. 두 번째로 깃자꾸따를 오르내리는 부처님에게 바위를 굴립니다. 다행히 바위가 부처님을 피해서 굴러 갔지만 다리를 심하게 다치셨습니다. 의사 지바카가 재빨리 치료해 더 악화되지는 않았습니다.

마지막으로 날라기리라는 코끼를 풀었습니다. 이 코끼리는 전쟁터에서도 흉폭하기로 소문난 코끼리였습니다. 하지만 코끼리도 부처님의 위엄에 천천히 코를 내리고 귀를 흔들며 부처님 앞에 무릎을 꿇고 말았습니다.

데와닷따의 살해 위협

부처님의 사촌동생인 데와닷따,
사꺄족의 왕자들이 출가할 때 데와닷따도 수행자가 됨.

부처님께서 라자가하의 죽림정사에 계실 때
데와닷따는 교단을 자신에게 맡겨줄 것을 요청함.

 데와닷따야! 나는 사리뿟따나 목갈라나에게도 교단을 맡기지 않고 있다.
하물며 너와 같은 수행자에게 교단을 맡길 수 있겠느냐? 수행에 더
집중하도록 하여라!

빔비사라왕의 아들 아잣따삿뚜의 극진한 존경을 받으며 분파를 형성해 나간
데와닷따는 결국 부처님을 살해할 계획을 세우고 실천에 옮김.

궁수를 매수해 살해하려 하였지만 실패, 부처님에게 바위를 굴려 부처님의
다리를 심하게 훼손함. 날라기리라는
코끼리를 풀어 살해하려 했지만,
코끼리 역시 부처님의 위엄에 천천히
코를 내리고 키를 흔들며 부처님
앞에 무릎을 꿇음.

데와닷따가 던지는 화두

부처님은 그 후 데와닷따를 피했습니다. 그리고는 아난다를 비롯한 제자들에게 신신당부했습니다.

"어리석은 사람과는 만나지 말라. 어리석은 사람과는 일을 서로 상의하지 말라. 어리석은 사람과 말로 옳고 그름을 따지지 말라. 어리석은 사람이 하는 일은 법답지 못하다."

데와닷따는 부처님을 살해하려는 계획이 무산되자 5가지의 생활규칙을 제안하며 대중투표를 제안합니다. 그것은 '첫째, 일생 동안 임야에서 산다. 둘째, 신도의 집에 초대되어 음식을 대접받지 않고 일생 동안 걸식한다. 셋째, 일생 동안 분소의를 입는다. 넷째, 일생 동안 옥내에 들어가지 않고 수하좌의 생활을 계속한다. 다섯째, 일생 동안 육류나 생선류를 먹지 않는다'가 그것입니다.

데와닷따는 이를 지지한 500명의 비구를 데리고 별도의 승가를 만들었습니다. 말 그대로 교단을 파괴한 것입니다.

그러나 500명의 비구는 사리뿟따와 목갈라나의 법문을 듣고 참회한 뒤 부처님께 돌아왔습니다. 끝까지 자신의 잘못을 받아들이지 않은 데와닷따는 결국 지옥에 떨어지고 말았습니다.

부처님은 슬퍼하는 아난다에게 말씀하셨습니다.

"사람들은 스스로 행동한다. 그러므로 자기의 행동을 잘 관찰해야 한다. 착한 사람은 착한 과보를 누리고 악한 사람은 악한 재앙을 받는다. 데와닷따는 스스로 악행을 하여 스스로 지옥에 이른 것이다. 내가 그를 원망하여 그리된 것이 아니니 너무 슬퍼하지 말라."

부처님에 대한 데와닷따의 도전은 1년여 동안 계속되었습니다. 불교의 아픔이자 부처님의 아픔으로 데와닷따라는 이름이 남아 있습니다.

데와닷따가 던지는 화두

부처님은 그 후 데와닷따를 피하시고 아난다를 비롯한 제자들에게 당부함.

"어리석은 사람과는 만나지 말라. 어리석은 사람과는 일을 서로 상의하지 말라. 어리석은 사람과 말로 옳고 그름을 따지지 말라. 어리석은 사람이 하는 일은 법답지 못하다."

데와닷따는 500명의 비구를 데리고 별도의 승가를 만들어 말 그대로 교단을 파괴함.

그러나 500명의 비구는 사리뿟따와 목갈라나의 법문을 듣고 참회한 뒤 부처님께 돌아옴. 끝까지 자신의 잘못을 인정하지 못한 데밧닷따는 결국 지옥에 떨어짐.

사람들은 스스로 행동한다. 그러므로 자기의 행동을 잘 관찰해야 한다. 착한 사람은 착한 과보를 누리고 악한 사람은 악한 재앙을 받는다.

빔비사라와 아잣따삿뚜

부처님의 최대 후원자이자 최고의 신도였던 빔비라사왕은 불교와의 인연이 깊습니다. 하지만 그 이면에는 차마 말로 표현하지 못한 고통도 있었습니다.

후계가 없던 빔비사라왕은 부처님께 귀의하긴 했지만 왕위를 물려줄 자식이 없는 초조함을 감출 수 없었습니다. 어느 날 점성가로부터 자신의 자식이 될 인연이 비후라산의 선인이라는 말을 듣습니다. 선인의 말에 의하면 3년을 더 기다려야 했는데, 초조한 마음에 자객을 보내 비후라산에 살던 선인을 살해합니다.

이 선인이 환생하여 태어난 이가 바로 빔비사라왕의 아들인 아잣따삿뚜입니다. 점성가의 예언에 의하면, 아버지를 해칠 아이라고 했는데, 그것은 까마득하게 잊은 채 빔비사라왕은 아잣따삿뚜를 지극정성으로 훌륭하게 키웠습니다. 그러나 아잣따삿뚜는 데와닷따를 만나면서 삐뚤어지기 시작했습니다. 급기야 데와닷따는 아잣따삿뚜에게 아버지 빔비사라왕을 죽이면 자신도 부처님을 없애겠다는 악마의 속삭임을 건넸습니다.

결국 아잣따삿뚜는 빔비사라왕을 감옥에 가두어 죽게 했고 데와닷따는 여러 차례에 걸쳐 부처님을 제거하려 합니다. 한 순간 데와닷따의 꼬임에 넘어간 아잣따삿뚜는 부처님을 찾아 참회하고 참다운 불자의 길을 걸었습니다. 부처님은 인과법을 설하여 그의 어리석음을 깨우쳐 주었습니다.

부처님께서는 평소 "아잣따삿뚜는 실로 아까운 사람이다. 그가 만약 아버지를 죽이지 않았다면 그는 지금쯤 깨달음을 얻었을 것"이라며 아쉬워했습니다. 부처님을 만난 후 아잣따삿뚜 역시 교단의 최대 후원자가 되어 수행자들을 지극정성으로 보살폈습니다.

인과는 무서웠습니다. 아잣따삿뚜 역시 그의 아들에 의해 폐위가 되고 말았습니다. 최고 가문의 말로는 정말 비참했습니다.

빔비사라와 아잣따삿뚜

자식이 없던 빔비사라왕은 어느 날 점성가의 말에 따라 자객을 보내 비후라산에
살던 선인을 살해함. 3년을 더 기다려야 했지만 초조함에 먼저 죽인 것임.
이 선인이 환생하여 태어난 사람이 바로 빔비사라왕의 아들 아잣따삿뚜.

데와닷따는 아잣따삿뚜에게 빔비사라왕을 죽이면
자신도 부처님을 없애겠다는 악마의 속삭임을 건넴.

아잣따삿뚜는 빔비사라왕을 감옥에 가두어 죽게 했고
데와닷따는 여러 차례에 걸쳐 부처님을 제거하려 함.

> 누구도
> 인과를 피할
> 수 없다.

부처님은 인과법을 설하며 그의 어리석음을 깨우쳐 줌.
한 순간 데와닷따의 꼬임에 넘어간 아잣따삿뚜는
부처님을 찾아 참회하고 참다운 불자의 길을 걸어가면서
교단의 최대 후원자가 됨.

인과는 무서워서 아잣따삿뚜 역시
그의 아들에 의해 폐위됨.

부처님도 막지 못한 침입

부처님이 성도하신 지 얼마 지나지 않아 꼬살라국에서는 빠세나디가 왕이 되었습니다. 빠세나디는 사꺄족 공주를 꼬살라로 보내주면 사꺄족의 안전을 위협하지 않겠다고 제안했습니다.

격렬한 논쟁 끝에 당시 사꺄족 왕이던 마하나마는 하녀의 딸인 와사바캇띠아를 빠세나디에게 보냈습니다. 빠세나디와 와사바캇띠아 사이에서 태어난 왕자가 바로 위두다바입니다.

위두다바 왕자가 외가인 까삘라왓투에서 놀다가 그만 사꺄족 사람들로부터 "하녀의 자식이어서 버릇이 없다."는 말을 듣고 "오늘의 치욕을 잊지 않겠다."고 다짐합니다.

빠세나디가 죽고 위두다바가 왕이 되자 코끼리부대와 전차부대, 기마부대, 보병 등을 이끌고 사꺄족 정벌을 시작했습니다.

부처님은 그 소식을 듣고 정벌군 앞에 나타나 전쟁을 막았습니다. 위두다바는 두 번 더 출병을 했지만 역시 부처님의 만류로 계획을 실행하지 않았습니다.

그러나 위두다바가 네 번째 출병을 했을 때 부처님은 더 이상 막을 수 없는 일임을 깨닫고 물러나셨습니다. 목갈라나가 자신의 신통으로 군대를 막으려 했지만 "눈앞에서 벌어지는 싸움이야 일시적으로 막을 수 있지만 깊이 맺혀 있는 원한은 신통으로도 막을 수 없다."며 만류하셨습니다.

사꺄족은 위두다바에 의해 처참하게 멸망했습니다. 살기등등했던 위두다바는 꼬살라로 돌아와 제따 왕자까지 가혹하게 죽이고 말았습니다. 부처님은 "제따 왕자는 악행을 멀리하고 선행을 하였기에 33천에 태어날 것"이라고 말하며 그의 죽음을 애도하였습니다.

부처님도 막지 못한 침입

부처님이 성도하신 지 얼마 지나지 않아 빠세나디가 꼬살라국의 왕이 됨.
사꺄족 공주를 꼬살라로 보내주면 사꺄족의 안전을 위협하지 않겠다고 제안함.
격렬한 논쟁 끝에 당시 왕이던 마하나마는 자신이 데리고 있던 하녀의 딸을
빠세나디에게 보냄.
하녀의 딸이 왕비가 되어 아들 위두다바를 낳음.

위두다바가 외가인 까삘라왓투에서 놀다가 사꺄족 사람들에게
"하녀의 딸이 낳은 자식이어서 버릇이 없다." 는 말을 듣고
"오늘의 차욕을 잊지 않겠다."고 다짐함.

빠세나디가 죽고 위두다바가 왕이 되자 코끼리부대와 전차부대, 기마부대, 보병
등을 이끌고 사꺄족 정벌을 시작. 부처님은 그 소식을 듣고 정벌군 앞에 나타나
전쟁을 막았으나 네 번째 출병했을 때 더 이상 막을 수 없다는 것을 깨닫고
물러나심. 사꺄족은 위두다바에 의해 처참하게 멸망함.

눈앞에서 벌어지는 싸움이야 일시적으로 막을 수 있지만
깊이 맺혀 있는 원한은 신통으로도 막을 수 없다.

사꺄족의 멸망

위두다바의 침입으로 사꺄족은 멸망하고 말았습니다. 위두다바는 까삘라왓투의 사꺄족을 코끼리가 밟아 죽이도록 했을 정도로 철저하게 파괴했습니다. 당시 사꺄족 영토 안에 100만 명 정도가 살았다고 하는데 거의 모든 사꺄족이 죽임을 당한 것으로 보입니다. 경전에는 사꺄족 사람들이 흘린 피가 냇물을 이뤘다고 전해질 정도로 처참함 그 자체였습니다.

사꺄족의 마지막 왕 마하나마가 "내가 연못의 물속에 들어갔다 나오는 동안만이라도 사꺄족이 도망갈 수 있도록 해 달라."고 제안했습니다. 꽤 오랜 시간이 지났는데도 마하나마왕이 나오지 않자 위두다바가 연못을 다시 확인합니다. 그리곤 깜짝 놀랍니다. 마하나마가 자신의 머리를 풀어 나무뿌리에 묶은 채 죽어 있었던 것입니다.

이를 보고 위두다바는 사꺄족 처녀 500명을 데리고 회군하였습니다. 하지만 위두다바는 사꺄족 처녀들도 까삘라왓투 밖 니그로다 숲에서 모두 살해하고 말았습니다.

부처님은 비구들과 함께 니그로다 숲을 찾아가 희생자들을 위한 법문을 내렸습니다. 부처님은 인과법문을 내렸고 신통으로 관찰해 보니, 사꺄족 여인들이 원망을 버리고 법안을 얻어 천상에 태어났음을 확인했습니다.

"일체의 모든 존재는 영원하지 못하다. 태어난 것은 반드시 죽는다. 그러므로 태어남이 없으면 괴로운 죽음도 없게 된다. 이것이 최상의 즐거움이다."

위두다바는 사꺄족 정벌 이후 얼마 지나지 않아 죽음을 맞이합니다. 부처님이 태어나서 자란 까삘라왓투의 사꺄족, 부처님의 종족이며, 가장 많은 사람들이 부처님의 제자로 귀의했던 사꺄족은 이렇게 역사의 한 페이지로 사라졌습니다.

사까족의 멸망

위두다바는 까삘라왓뚜의 사까족을
코끼리가 밟아 죽이도록 했을 정도로 철저하게 파괴함.

사까족의 마지막 왕 마하나마의 제안.
"내가 연못의 물속에 들어갔다 나오는 동안만이라도 사까족이 도망갈 수 있도록
해 달라."
마하나마는 자신의 머리를 풀어 나무뿌리에 묶은 채 죽어 있었음.

이를 보고 위두다바는 사까족 처녀 500명을 데리고 회군함.
위두다바는 끝내 사까족 처녀들도 까삘라왓뚜 밖 니그로다 숲에서 모두 살해함.

부처님은 인과법문을 내렸고 신통으로 관찰해 보니 사까족 여인들이 원망을
버리고 법안을 얻어 천상에 태어났음을 확인함.

"일체의 모든 존재는 영원하지 못하다. 태어난 것은 반드시 죽는다.
태어남이 없으면 괴로운 죽음도 없게 된다. 이것이 최상의 즐거움이다."

위두다바는 사까족 정벌 이후 얼마 지나지 않아 죽음.

사리뿟따와 목갈라나의 죽음

사리뿟따와 목갈라나는 부처님의 최애 제자였습니다. "부처님의 뒤를 이을 사람은 누구입니까?"라는 질문에 부처님께서 주저 없이 "사리뿟따가 나의 법륜을 굴릴 것"이라고 답할 정도였습니다. 부처님이 안 계시거나 병환 중일 때는 사리뿟따가 법문을 하였습니다.

사리뿟따와 목갈라나는 출가 전부터 서로를 존중했고 부처님에게 귀의한 후에도 둘도 없는 도반이었습니다. 사리뿟따는 목갈라나에 대해 "흰 연꽃처럼 더러움에 물들지 않는 자, 대범천왕처럼 한 순간에 일천세계를 보는 사람"이라 했고, 목갈라나는 사리뿟따를 "마왕을 쳐부순 자, 최상의 복전, 최상의 인간"이라고 서로를 추켜세웠습니다.

부처님은 두 제자에게 당부했습니다.

"대중 가운데 우두머리는 나와 너희 둘뿐이다. 지금부터 그대들은 여러 수행자들을 잘 가르쳐 생사에서 벗어나도록 하라."

두 제자 중 먼저 아픈 사람은 목갈라나였습니다. 탁발을 나갔다가 폭행을 당해 큰 부상을 입은 목갈라나는 사리뿟따에게 열반을 이야기 합니다. 사리뿟따는 자기가 먼저 열반에 들겠다고 부처님에게 보고한 뒤 고향인 날라까로 가서 임종을 합니다. 목갈라나도 2주 뒤에 열반에 들었습니다.

"사리뿟따는 지혜롭고 총명했으며 재주도 많았다. 그는 욕심이 적어 만족할 줄 알았으며 늘 용감하였다. 비구들이여! 사리뿟따를 잃은 여래는 가지가 부러진 고목과 같구나! 대중들 가운데 사리뿟따와 목갈라나가 없으니 텅 비어 있는 것 같구나."

부처님의 고백은 대중의 심금을 울렸습니다.

사리뿟따와 목갈라나의 죽음

사리뿟따와 목갈라나는 부처님의 최애 제자였음.

"지금부터 그대들은 여러 수행자들을 잘 가르쳐 생사에서 벗어나도록 하라."

탁발을 나갔다가 폭행을 당해 큰 부상을 당한 목갈라나는
사리뿟따에게 열반을 이야기 함.
사리뿟따는 자기가 먼저 열반에 들겠다고 부처님에게 보고한 뒤 고향에
날라까로 가서 임종. 목갈라나도 2주 뒤에 열반.

비구들이여! 사리뿟따를 잃은 여래는 가지가 부러진
고목과 같구나! 대중들 가운데 사리뿟따와
목갈라나가 없으니 뭔가 텅 비어 있는 것 같구나.

부처님의 고백이 대중을 울림.

강대국의 조건

부처님의 말년에 마가다국의 아잣따삿뚜왕은 밧지 연맹을 침공할 계획을 세웁니다. 아잣따삿뚜는 침공에 앞서 부처님에게 조언을 구하고자 대신 왓사꺄라를 보냈습니다. 부처님은 직접적인 대답보다 아난다와의 대화를 통해 간접조언을 합니다.

　"밧지 사람들은 자주 모임을 가지느냐?" "네."

　"밧지 사람들은 화합하여 모인 후 화합하여 헤어지느냐?" "네."

　"밧지 사람들은 새로운 법령을 제정하는 일을 금하고 있느냐? 앞선 사람들이 정한 법률을 깨뜨리지 않고 있느냐?" "네."

　"밧지 사람들은 부모에게 효도하고 스승과 어른을 공경하고 있느냐?" "네."

　"밧지 사람들은 남녀가 고유의 의무를 수행하며, 여인들은 행실과 덕행이 참되고 남자들은 강압적으로 이끌거나 약탈하는 법이 없느냐?" "네."

　"밧지 사람들은 종묘를 받들고 조상을 숭배하느냐?" "네."

　"밧지 사람들은 도와 덕을 숭상하고, 계율을 지키는 수행자가 찾아오면 후하게 맞이하느냐?" "네."

　"아난다여! 밧지 사람들이 이 일곱 가지를 잘 실천하고 있다면 그들은 강할 것이다."

　부처님과 아난다의 대화를 들으면서 부처님의 말씀을 확인한 왓사꺄라는 이를 그대로 보고하였고, 아잣따삿뚜는 침공의 계획을 접었습니다. 위 부처님의 말씀은 오늘날의 우리에게도 정말 소중한 말씀입니다. 강한 나라의 기본적인 조건이 다 들어 있습니다. 승가에 적용해도 매우 적절한 말씀이라고 여겨집니다.

강대국의 조건

부처님의 말년 마가다국의 아잣따삿뚜왕은 밧지 연맹을 침공할 계획을 세움.
아잣따삿뚜는 침공에 앞서 대신 왓사까라를 보내 부처님의 조언을 구함.

"아난다여! 밧지 사람들이 이 일곱 가지를 잘 실천하고 있다면 그들은 강할 것이다.

'자주 모임을 가지느냐?'

'화합하며 모인 후 화합하며 헤어지느냐?'

'앞선 사람들이 정한 법률을 깨뜨리지 않고 있느냐?'

'부모에게 효도하고 스승과 어른을 공경하고 있느냐?'

'남녀가 고유의 의무를 수행하며, 여인들은 행실과 덕행이 참되고 남자들은
강압적으로 이끌거나 약탈하는 법이 없느냐?'

'종묘를 받들고 조상을 숭배하느냐?'

'도와 덕을 숭상하고, 계율을 지키는 수행자가 찾아오면 후하게 맞이하느냐?'"

왓사까라가 들은 부처님의 말씀을 듣고 아잣따삿뚜는 침공 계획을 접음.

부처님의 말씀은 오늘날의 우리에게도 소중한 지침임.

계율의 과보

부처님 성도 후 44년이 지났을 때 라자가하를 떠난 부처님은 날란다를 지나 강가강 남쪽의 빠딸리 마을에 도착했습니다. 부처님의 방문을 예상하지 못했던 불자들은 매우 기쁜 마음으로 부처님께 예를 올렸습니다. 부처님은 계율을 지키지 않는 사람에게 떨어지는 5가지 불이익에 대해 설하셨습니다.

"거사들이여! 계율을 지키지 않는 비도덕적인 사람에게는 5가지 불이익이 떨어지느니라. 먼저 그 부주의함 때문에 재산상의 큰 손실을 입느니라. 두 번째는 그 악명이 멀고도 널리 퍼져나가느니라. 세 번째는 사회의 어떤 모임에 있더라도 자신 없어 보이고 불편해 보이느니라. 즉 왕족의 모임, 사문의 모임, 바라문의 모임, 장자의 모임 등 그 어떤 모임 가운데 있더라도 자신 없어 보이고 불편해 보이느니라. 네 번째는 죽을 때 우둔한 상태로 죽느니라. 다섯 번째는 몸이 부서져 죽은 뒤에 지옥의 악취에 떨어지도록 정해져 있느니라."

부처님은 이어서 계율을 지키는 사람에게 생기는 5가지 이익을 설했습니다.

"계율을 지키는 도덕적인 사람은 주의력을 갖추었기 때문에 재산상의 큰 이익을 얻느니라. 둘째, 그 명성이 멀고도 널리 퍼져 나가느니라. 세 번째, 사회의 어떤 모임 가운데 있더라도 고개를 들 수 있으며 다른 이의 얼굴을 똑바로 쳐다볼 수 있느니라. 네 번째는 죽을 때 우둔하지 않은 채 죽느니라. 다섯 번째는 몸이 부서져 죽은 뒤에 천신의 선취에 재생하도록 정해져 있느니라."

위 법문은 재가신도들에게 하신 것이지만 사부대중 누구에게나 해당할 수 있는 것입니다. 열반으로 가시는 여정에 계율의 중요성을 또다시 강조하신 점을 보면 계율이 얼마나 중요한지 알 수 있습니다.

계율의 과보

계율을 지키지 않는 사람이 받는 5가지 불이익

1. 재산상의 큰 손실.
2. 그 악명이 멀고도 널리 퍼져나감.
3. 사회의 어떤 모임에 있더라도 자신 없어 보이고 불편해 보임.
4. 죽을 때 우둔한 상태로 죽음.
5. 몸이 부서져 죽은 뒤에 지옥의 악취에 떨어짐.

계율을 지키는 사람에게 생기는 5가지 이익

1. 재산상의 큰 이익.
2. 그 명성이 멀고도 널리 퍼져 나감.
3. 사회의 어떤 모임에 있더라도 고개를 들 수 있으며 다른 이의 얼굴을 똑바로 쳐다볼 수 있음.
4. 죽을 때 우둔하지 않은 채 죽음.
5. 몸이 부서져 죽은 뒤에 천신의 선취에 재생함.

부처님께서는 열반으로 가시는 여정에 계율의 중요성을 강조하심.

10장

열반으로 가는 길

"내가 설하고 제정한 법과 율이 대중들을 보호할 것이다. 내가 떠난 뒤에는 법과 율이 너희들의 스승이다. 그리고 모든 것은 변하고 무너지나니 게으름 없이 정진하라. 나는 방일하지 않았으므로 바른 깨달음을 얻었느니라."

마지막 말씀을 끝으로 부처님은 열반에 드셨습니다. 살라나무 동산은 깊은 고요에 빠져들었습니다. 부처님께서 이 땅에 오신 지 80년, 깨달음을 이루신 지 45년 만인 기원전 544년 2월 15일이었습니다.

열반에 대한 암시

부처님은 웨살리의 차팔라 사원에서 처음으로 열반에 대한 말씀을 합니다.

"아난다여! 4신족을 닦고 실천하며 탈 것으로 삼고 바탕이 되게 하며 실행하고 정통하고 완전히 연마한다면, 그는 원하는 만큼 수명을 누릴 수 있느니라. 여래는 4신족을 닦고 실천했으며 탈 것으로 삼고 바탕이 되게 했느니라. 또한 그것을 실행하고 정통했으며 완전히 연마했느니라. 그러므로 아난다여, 여래는 원하는 만큼 수명을 누릴 수 있느니라."

아난다는 부처님의 말씀을 알아듣지 못했습니다. 마왕 마라가 이 틈을 파고 들었습니다.

"부처님! 이제 열반에 드십시오. 부처님께서는 이제 반열반에 드십시오. 지금 이야말로 부처님께서 반열반에 드실 때입니다."

마라는 앞서도 두 번이나 부처님께 열반을 종용했습니다. 부처님이 깨달으셨을 때와 깨달음을 얻고 난 뒤 중생을 위해 법문을 할지를 잠깐 고민할 때 마라는 열반을 주장했습니다.

부처님은 마라의 말을 듣고 대답하십니다. "사악한 자여! 걱정하지 말라. 여래의 반열반은 머지않아 다가올 것이다. 지금부터 3개월 뒤 여래는 반열반에 들 것이니라."

부처님의 선언에 대지가 요동하고 천둥이 울렸습니다. 처음에는 부처님 말씀을 알아듣지 못했던 아난다는 한참 시간이 지나서야 간청을 합니다.

"부처님이시여! 동정심을 베푸시어 인류의 복지를 위해, 인간과 천신의 이익과 안락과 행복을 위해 가능한 한 오래 사셔야 합니다. 부처님께서는 최대한 오래 저희 곁에 계셔야 합니다."

"아난다야! 내게 애원하지 마라. 그렇게 청할 수 있는 때는 이미 지났느니라."

열반에 대한 암시

바이샬리의 차팔라 사원에서 처음으로 열반에 대한 말씀을 하신 부처님.

> 아난다여! 4신족을 닦고 실천하며 탈 것으로 삼고 바탕이 되게 하며 실행하고 정통하고 완전히 연마한다면, 그는 원하는 만큼 수명을 누릴 수 있느니라.

부처님의 말씀을 알아듣지 못한 아난다!
마왕 마라가 이 틈을 파고 들어

> 부처님! 이제 열반에 드십시오. 부처님께서는 이제 반열반에 드십시오. 지금이야말로 부처님께서 반열반에 드실 때입니다.

> 사악한 자여! 걱정하지 말라. 여래의 반열반은 머지않아 다가올 것이다. 지금부터 3개월 뒤 여래는 반열반에 들 것이니라.

부처님의 선언에 대지가 요동하고 천둥이 울림.

> 부처님이시여! 동정심을 베푸시어 인류의 복지를 위해, 인간과 천신의 이익과 안락과 행복을 위해 가능한 오래 사셔야 합니다. 부처님께서는 최대한 오래 저희 곁에 계셔야 합니다.

> 아난다야! 내게 애원하지 마라. 그렇게 청할 수 있는 때는 이미 지났느니라.

쭌다의 공양

부처님은 마하와나의 꾸따가라 강당에 도착하여 웨살리 부근에서 수행하던 비구들에게 37조도품에 대해 설하셨습니다. 그리고는 자신의 열반을 선언하셨습니다.

"세상은 덧없고 무상하다. 나는 석 달 뒤에 열반에 들 것이다. 나도 이제 늙었다. 내 생도 이제 얼마 남지 않았다. 나는 이제 홀로 떠날 것이다. 너희들도 스스로 잘 닦도록 하여라."

부처님은 파와로 가서서 쭌다가 바친 망고동산의 사원에 머물렀습니다. 쭌다는 부처님과 대중들을 위해 공양을 준비했습니다. 음식 중에는 부드러운 돼지고기로 만든 수까라 맛다와가 포함되어 있었습니다.(일각에서는 버섯 요리라고도 합니다.)

부처님은 "쭌다야! 나에게는 수까라 맛다와를 주고 비구들에게는 다른 음식을 올리라."고 당부했습니다.

부처님은 공양을 마치고 쭌다에게 남은 수까라 맛다와를 파묻도록 지시했습니다. "쭌다야! 돼지고기가 남았구나. 남은 것은 땅에 묻는 것이 좋겠다. 나를 제외하고는 천신과 인간 중 그 누구도 이 음식을 소화하는 자를 보지 못했기 때문이다."

부처님은 음식이 상했음을 아셨고 죽음의 때가 이르렀음을 아시고 쭌다의 마지막 공양을 받으신 것입니다.

공양을 먹고 난 뒤 부처님에게 이상이 생겼습니다. 배변에 피가 섞여 나왔고 죽음에 임박하는 듯한 신랄한 고통에 시달리기 시작했습니다. 부처님은 번민하지 않는 마음으로 그 고통을 참아냈습니다.

쭌다의 공양

부처님께서 마하와나의 꾸따가라 강당에 도착하여 바이샬리 부근에서 수행하던
바구들에게 37도품에 대해 설하시다.

세상은 덧없고 무상하다. 나는 석 달 뒤에 열반에 들 것이다. 나도 이제 늙었다.
내 생도 이제 얼마 남지 않았다. 나는 이제 홀로 떠날 것이다. 너희들도 스스로 잘
닦도록 하여라. 쭌다야! 나에게는 수카라 맛다와를 주고 바구들에게는
다른 음식을 올리거라.

부처님은 공양을 마치고 쭌다에게 남은 수까라 맛다와를 파묻도록 지시하심.
공양을 드시고 난 뒤 부처님의 배변에 피가 섞여 나왔고 고통에 시달리기 시작함.
부처님은 번민하지 않는 마음으로 그 고통을 참아냈으나 기력이 급격하게 떨어짐.

쭌다와 수자따의 공덕

공양이 끝나고 쭌다는 부처님에게 평소 궁금했던 것을 여쭈었습니다.

"부처님이시여! 세상에는 몇 종류의 사문이 있습니까?"

"네 종류가 있다. 도를 실천함이 뛰어난 사문, 도를 설하는 것이 뛰어난 사문, 도에 의지하여 생활하는 사문, 도를 행하는 척하며 악만 저지르는 사문이다."

다시 길을 나선 부처님이 아난다를 불렀습니다. 그리고 쭌다에게 말씀을 전하라 일렀습니다. 쭌다의 공양이 부처님 열반의 원인이라며 앞으로 받을 비난을 격정하시면서 아난다에게 정확하게 말씀을 전하라 하신 것입니다.

"아난다여! 지금 쭌다에게 가서 말을 전하라. 전할 내용을 이렇다.

'영광스러운 쭌다여! 부처님께서는 그대가 바친 마지막 음식을 드시고 돌아가셨다. 이 얼마나 큰 행운인가. 또한 그로 인하여 그대에게 얼마나 큰 이익이 있을 것인가. 영광스러운 쭌다여! 공덕에 있어서 다른 어떤 것보다 앞서는 두 가지 음식 공양이 있다. 그 둘의 공덕은 그 둘끼리만 비교할 만하다. 그중 하나는 여래가 그 음식을 드신 후 더 이상 없는 바르고 원만한 깨달음을 얻는 경우이고, 다른 하나는 여래가 그것을 드신 후 오온의 흔적도 남기지 않은 채 궁극적인 평화, 곧 무여열반을 성취하는 경우이다. 이와 같은 두 가지 음식 공양이 다른 음식 공양의 공덕을 앞서니, 그 둘의 공덕은 그 둘끼리만 비교할 만하다. 이것은 부처님으로부터 직접 들은 이야기이다. 따라서 그대는 자신을 위해 공덕을 쌓은 것이다. 그 공덕은 장수와 행운, 복지와 행복을 보장해 주고 많은 시종들을 보장해 준다. 그리고 그 공덕은 천상으로 인도하며 수승한 것을 보장해 준다'고 하라."

쭌다와 수자따의 공덕

부처님이시여! 세상에는 몇 종류의 사문이 있습니까?

네 종류가 있다. 도를 실천함이 뛰어난 사문, 도를 설하는 것이 뛰어난 사문, 도에 의지하여 생활하는 사문, 도를 행하는 척하며 악만 저지르는 사문이다.

다시 길을 나선 부처님이 아난다를 불러 쭌다에게 말씀을 전하라고 함.

영광스러운 쭌다여! 부처님께서는 그대가 바친 마지막 음식을 드시고 돌아가셨다. 이 얼마나 큰 행운인가. 또한 그로 인하여 그대에게 얼마나 큰 이익이 있을 것인가.
영광스러운 쭌다여! 그대는 자신을 위해 공덕을 쌓은 것이다. 그 공덕은 장수와 행운, 복지와 행복을 보장해주고 많은 시종들을 보장해 준다. 그리고 그 공덕은 천성으로 인도하며 수승한 것을 보장해 준다.

쭌다의 공양이 부처님 열반의 원인이라며 앞으로 받을 비난을 걱정하시면서 아난다에게 정확하게 말씀을 전하라고 하신 것임.

마지막 가사 공양

쭌다를 위로하고 다시 길을 가다 부처님은 나무 아래에서 잠시 몸을 쉬었습니다. 그때 꾸시나가라에서 빠와로 가던 수백 대의 마차 행렬이 다가왔습니다. 그 무리의 우두머리는 알라라 깔라마의 제자였던 뿍꾸사였습니다.

굉음을 내며 달려오는 무리의 모습에 부처님은 미동도 없었습니다. 뿍꾸사는 부처님을 알아보고 부처님께 귀의하겠다고 맹세합니다.

"부처님께서는 어둠 속에서 기름등을 밝혀 눈 있는 자로 하여금 색을 보게끔 여러 단계로 법을 드러내셨습니다. 저는 삼보에 귀의하옵니다. 저를 재가신자로 받아 주십시오."

뿍꾸사는 사람을 시켜 황금색 옷을 가져오도록 했습니다. 그리고는 부처님께 옷감 한 쌍을 올렸습니다.

"뿍꾸사여! 그대가 원한다면 하나는 나에게 주되 하나는 아난다에게 주어라."

뿍꾸사가 떠나고 아난다는 옷감을 부처님께 올렸습니다. 부처님 몸에서 나오는 광채로 황금색 옷은 그 색을 잃어버리고 말았습니다.

부처님은 까꿋타강으로 가서 물을 마시고 목욕도 했습니다. 쭌다까 장로가 자리를 깔자 한 비구가 여쭈었습니다.

"부처님이시여! 하늘 위 하늘 아래 가장 존귀한 분이신데 왜 하늘나라 약으로 병을 치료하지 않으십니까?"

"집은 오래되면 허물어지지만 땅은 변함없이 평온하단다. 나의 마음은 땅과 같아 평온하지만 내 몸은 헌집과 같구나."

부처님은 다시 히란냐와띠 강을 건너 말라족의 살라나무 숲에 도착했습니다.

마지막 가사 공양

쭌다를 위로하고 다시 길을 가다 부처님은 나무 아래에서 잠시 휴식 중
지나던 뿍꾸사가 부처님을 알아보고 부처님께 귀의하겠다고 맹세함.

뿍꾸사는 사람을 시켜 황금색 옷을 가져오게 해서
부처님께 옷감 한 쌍을 올림.

"뿍꾸사여! 그대가 원한다면 하나는 나에게 주되 하나는 아난다에게 주어라."

뿍꾸사가 떠나고 아난다는 옷감을 부처님께 올림.
부처님 몸에서 나오는 광채로 황금색 옷은 그 빛을 잃어버림.

"부처님이시여! 하늘 위 하늘 아래 가장
존귀한 분이신데 왜 하늘나라 약으로
병을 치료하지 않으십니까?"

"집은 오래되면 허물어지지만 땅은
변함없이 평온하단다.
나의 마음은 땅과 같아 평온하지만
내 몸은 헌집과 같구나."

아난다의 마지막 질문

부처님은 살라나무 아래에서 오른쪽 옆구리를 바닥에 붙이고 사자처럼 발을 포개고 누웠습니다. 그리고 눈을 감고 삼매에 들었습니다. 부처님이 삼매에서 깨어나자 아난다가 여쭈기 시작했습니다.

앞서 부처님께서는 "너 자신을 등불로 삼고 너 자신에게 의지하라. 법을 등불로 삼고, 법에 의지하라."며 '자등명 법등명'을 말씀하셨지만 이제는 부처님 열반 이후 실질적인 준비를 해야 했기 때문입니다.

"부처님께서 열반하신 뒤에 저희들은 그 유해를 어떻게 모셔야 합니까?"

"아난다여! 여래에게 가장 깊은 신심을 지니고 있는 현명한 왕족과 바라문, 거사들이 있나니 그들이 전륜성왕과 같은 방법으로 여래의 유해를 공양하는 일을 돌볼 것이다."

"전륜성왕의 유해는 어떻게 처리합니까?"

"먼저 카시 지방에서 나온 상처 없는 천과 빗질이 된 정제솜으로 유해를 둘러싸고 그 뒤 다시 천으로 싼다. 이런 방법으로 500겹으로 둘러싼다. 그런 뒤 금으로 장식한 기름통에 넣고 모든 종류의 향나무로 이루어진 화장용 장작더미 위에 올려 화장을 하느니라. 그런 뒤 전륜성왕을 기념하여 큰 네거리가 만나는 곳에 탑을 세워라. 길을 오가는 사람들이 탑을 보게 하여 진리를 사모함으로써 살아서는 행복을 누리고 죽어서는 하늘나라에 태어나도록 하여라."

아난다는 말라족 사람들이 부처님께 마지막 예를 올리도록 했습니다. 슬퍼하는 사람들 사이에서 아난다는 그들을 다독였지만, 아난다 역시 울고 있었습니다.

아난다의 마지막 질문

부처님은 사라나무 아래에서 오른쪽 옆구리를 바닥에 붙이고,
사자처럼 발을 포개고 누우신 채로 눈을 감고 삼매에 들어가심.

부처님께서 열반하신 뒤에 저희들은 그 유해를 어떻게 모셔야 합니까?

 아난다여! 여래에게 가장 깊은 신심을 지니고 있는 현명한 왕족과
바라문, 거사들이 있나니 그들이 전륜성왕과 같은 방법으로 여래의
유해를 공양하는 일을 돌볼 것이다.

전륜성왕의 유해는 어떻게 처리합니까?

화장을 하느니라. 그런 뒤 전륜성왕을 기념하여 큰 네거리가 만나는
곳에 탑을 세워라. 길을 오가는 사람들이 탑을 보게 하여 진리를
사모함으로써 살아서는 행복을 누리고 죽어서는 하늘나라에
태어나도록 하여라.

아난다는 말라족 사람들이 부처님께 마지막 예를 올리게 함.

부처님의 열반

말라족 사람들이 마지막 인사를 드리는 사이 수밧다라는 바라문도 부처님께 인사를 드리고 마지막 제자가 되었습니다.

수밧다에게 구족계를 주신 후 부처님은 다시 눈을 감았습니다. 그리고 아난다를 불러 위로의 말씀을 건넸습니다.

"아난다여! 이 세상 어느 누구도 너처럼 여래를 잘 섬기지는 못했을 것이다. 더욱 열심히 노력하라. 머지않아 무지와 탐욕에서 벗어나 깨달음을 이루는 날이 올 것이다."

그리고 대중들에게 아난다를 칭찬하였습니다.

"비구들이여, 아난다에게는 네 가지 탁월함이 있다. 비구들은 아난다를 보기만 해도 기뻐하였고, 아난다가 비구들을 위해 설법하면 그들은 하나같이 기쁨이 충만하였다. 비구니·우바새·우바이들은 아난다를 보기만 해도 기뻐하였고, 아난다가 비구니·우바새·우바이를 위해 설법하면 그들은 하나같이 기쁨이 충만하였다."

부처님은 곁을 지키고 있던 비구들에게 궁금한 것이 있으면 빨리 물으라고 말씀하셨습니다. 아무런 질문이 나오지 않자 마지막으로 당부하셨습니다.

"내가 설하고 제정한 법과 율이 대중들을 보호할 것이다. 내가 떠난 뒤에는 법과 율이 너희들의 스승이다. 그리고 모든 것은 변하고 무너지나니 게으름 없이 정진하라. 나는 방일하지 않았으므로 바른 깨달음을 얻었느니라."

마지막 말씀을 끝으로 부처님은 열반에 드셨습니다. 살라나무 동산은 깊은 고요에 빠져들었습니다. 부처님께서 이 땅에 오신 지 80년, 깨달음을 이루신 지 45년 만인 기원전 544년 2월 15일이었습니다.

부처님의 열반

아난다여! 이 세상 어느 누구도 너처럼 여래를 잘 섬기지는 못했을 것이다. 더욱 열심히 노력하라. 머지않아 무지와 탐욕에서 벗어나 깨달음을 이루는 날이 올 것이다.

비구들이여, 아난다에게는 네 가지 탁월함이 있다. 비구들은 아난다를 보기만 해도 기뻐하였고, 아난다가 비구들을 위해 설법하면 그들은 하나같이 기쁨이 충만하였다. 비구니, 우바새, 우바이들은 아난다를 보기만 해도 기뻐하였고, 아난다가 비구니, 우바새, 우바이를 위해 설법하면 그들은 하나같이 기쁨이 충만하였다.

내가 설하고 제정한 법과 율이 대중들을 보호할 것이다. 내가 떠난 뒤에는 법과 율이 너희들의 스승이다. 그리고 모든 것은 변하고 무너지나니 게으름 없이 정진하라. 나는 방일하지 않았으므로 바른 깨달음을 얻었느니라.

마지막 말씀을 끝으로 부처님께서 열반에 드시다.

다비와 사리의 분배

부처님 열반 후 본격적인 장례준비가 시작되었습니다. 말라족 사람들은 하루 종일 향과 꽃을 바치고 조곡을 울리며 공양을 올렸습니다. 하루 이틀 새 끝내려던 공양은 6일 동안 계속되었습니다.

7일째, 말라족은 꾸시나가라 남쪽으로 법구를 옮겨 다비를 하려 했지만 뜻대로 되지 않았습니다. 아누룻다는 이에 대해 "천신들은 시내의 한 가운데서 다비를 하기를 원한다."고 전했고 전륜성왕의 장례법대로 준비를 해 불을 붙였지만 이 역시 불가능한 일이었습니다.

이유는 마하 깟사빠가 다비장에 도착하고 나서야 알 수 있었습니다. 깟사빠는 늦게나마 부처님 법구에 예를 올리려 했지만 이미 다비 준비가 끝난 상황이어서 쉽지 않았습니다. 깟사빠는 대중들 사이를 지나 관으로 다가섰습니다. 그때 부처님은 관을 열고 두 발을 내보여주셨습니다. 바퀴 문양이 선명한 발 아래로 깟사빠는 예를 올렸고 부처님은 다시 두 발을 관 안으로 들이셨습니다.

깟사빠는 이에 앞서서도 부처님과의 특별한 인연을 가지고 있었습니다. 삼처전심이 바로 그것입니다. 염화미소와 다자탑전분반좌, 이번의 곽시쌍부까지 3가지 인연으로 깟사빠는 부처님 법을 이었습니다.

이윽고 다비는 시작되었고 8만 4000과의 사리가 출현했습니다. 사리는 다시 진지한 논쟁을 거쳐 전체의 1/3이 여덟 등분으로 나누어 분배되었습니다. 나머지 1/3은 하늘의 신들에게, 나머지 1/3은 용왕에게 나눠줘 모시도록 했습니다.

다비와 사리의 분배

부처님 열반 후 본격적인 장례준비가 시작됨.
공양은 6일 동안 계속됨.

7일째, 말라족은 꾸시나가라 남쪽으로 법구를 옮겨
다비를 하려 했지만 뜻대로 되지 않음.

"천신들은 시내의 한 가운데서 다비를 하기를 원한다."고 전했고
전륜성왕의 장례법대로 준비를 해 불을 붙였지만 이 역시 불가능했음.

늦게 도착한 마하 깟사빠가 부처님 법구에 예를 올리려 했지만 이미 다비
준비가 끝난 상황이었음. 대중들 사이를 지나 마하 깟사빠가 관으로
다가서자, 부처님께서 관을 열고 두 발을 내보여주심. 바퀴 문양이 선명한
발 아래로 마하 깟사빠는 예를 올렸고 부처님은 다시 두 발을 관 안으로
들이심. 이윽고 다비는 시작되었고 8만 4000과의 사리가 출현함.

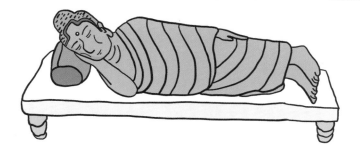

결집

부처님 열반 후 제자들은 그대로 주저앉아 있을 수 없었습니다. 교단은 자연스럽게 마하 깟사빠가 주도하게 되었습니다.

다소 보수적이었던 깟사빠는 '부처님의 말씀을 많이 듣고, 지혜가 있으며, 아라한이 된 사람'을 우선으로 500명의 비구를 추천받았습니다. 499명의 비구가 추천되었고 마지막 한 자리가 비어 있었습니다. 많은 사람들이 부처님의 시자 아난다를 추천했지만 깟사빠는 단호하게 거절했습니다.

"아난다는 아라한이 아닙니다. 아난다에게는 아직 사랑하는 마음, 미워하는 마음, 두려워하는 마음, 어리석음이 남아 있습니다."

결국 499명의 비구들은 40일 뒤 라자가하에서 만나기로 하고 마하 깟사빠와 아누룻다의 인도로 꾸시나가라를 떠났습니다.

당연히 아난다의 마음은 서운했고 이내 발심하여 깨달음을 얻게 됩니다. 아난다 역시 급히 서둘러 라자가하의 칠엽굴에 합류했습니다.

마하 깟사빠의 주도로 500 비구는 먼저 계율(戒律)을 결집(結集)하기 시작했습니다. 계율에 대해 제일 잘 알고 있던 우빨리 존자가 주도하여 계율 결집을 진행했습니다. 이어서 법에 대한 결집이 시작됐습니다. 뒤늦게 아라한과를 증득한 아난다가 시작했습니다.

"이와 같이 나는 들었다…."

이렇게 부처님의 가르침은 정리되기 시작했습니다. 부처님은 열반에 드셨지만 수많은 제자들이 남아 부처님의 가르침을 배우고 실천하며 고통 받는 중생들을 제도하기 위한 일을 게을리하지 않았습니다.

결집(結集)

교단은 자연스럽게 마하 깟사빠가 주도하게 됨.
499명의 비구가 추천되었고 마지막 한 자리가 비어 있었음.

아난다는 아라한이 아닙니다. 아난다에게는 아직 사랑하는 마음,
미워하는 마음, 두려워하는 마음, 어리석음이 남아 있습니다.

결국 499명의 비구들은 40일 뒤 라자가하에서 만나기로 하고, 마하 깟사빠와
아누룻다의 인도로 꾸시나가라를 떠남. 아난다는 이내 발심하여 깨달음을 얻게 됨.

마하 깟사빠의 주도로 500 비구는 먼저 계율(戒律)을 결집하기 시작함. 계율에
대해 제일 잘 알고 있던 우빨리 존자가 주도하여 계율 결집을 진행. 뒤늦게
아라한과를 증득한 아난다가 부처님의 말씀을 기억해서 말하고 나머지 비구들이
확인해 가면서 부처님의 가르침을 정리하기 시작, 1차결집이 이루어짐.

부처님은 열반에 드셨지만 수많은
제자들이 남아 부처님의 가르침을
외우고 실천하며 부처님처럼 고통
받는 중생들을 제도함.

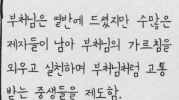

세계로 전해진 부처님 가르침

이렇게 시작된 1차 결집은 마가다국의 아잣따삿뚜왕의 도움으로 진행되었고 무려 일곱 달 동안 계속되었습니다.

이때는 문자로 기록한 것이 아니라 상기띠라 하여 노래 형식으로 합송하는 구전이었습니다. 이것이 기원전 35년에서 32년 사이에 스리랑카의 알로까위하라에서 처음 문자로 기록되었습니다. 부처님 말씀이 구전에서 문자로 나타나기까지 대략 450년이 걸린 셈입니다.

처음으로 결집된 경전이 바로 아함경입니다. 아함이란 아가마의 음역으로 '전통의 교의' 또는 '가까이 다가가는 것'이라는 뜻을 가지고 있습니다.

부처님의 원래 가르침에 가장 가까운 경전으로 지금은 북방불교권인 우리나라에도 많은 초기경전들이 전해지고 있습니다.

결집을 마친 대중들은 아난다에게 꼬삼비로 가서 적지 않은 문제를 일으켰던 찬나에게 '범단벌이 내려졌다'는 것을 알리도록 했습니다. 아난다의 요청으로 500 비구가 그 길에 함께 동행했고 찬나는 끝내 아난다의 설법을 듣고 법안을 얻게 됩니다.

부처님의 법과 가르침은 이후에도 남방권 국가를 시작으로 북방에까지 전해져 각 나라의 문화에 맞게 발전해 오늘날에 이르고 있습니다.

수메다 행자가 발심한 이래 수천억 겁 동안 무수히 몸을 던져 보살행을 실천한 부처님은 어쩌면 지금 이 시간에도 수많은 모습으로 화현하고 계신지 모릅니다.

처음도 좋고 중간도 좋고 끝도 좋은 부처님 가르침의 진리가 더 널리 전해져 온 세계가 불국정토가 되기를 기원해 봅니다.

세계로 전해진 부처님 가르침

이렇게 시작된 1차 결집은 마가다국의 아잣따삿뚜왕의 도움으로
무려 일곱 달 동안 계속됨.

기원전 35년에서 32년 사이에 스리랑카의 알로까위하라에서 처음 문자로 기록됨.
부처님 말씀이 구전에서 문자로 나타나기까지 대략 450년이 걸림.

처음으로 결집된 경전이 바로 아함경.
부처님의 원래 가르침에 가장 가까운 경전으로 지금은 북방불교권인 우리나라에도
많은 초기경전들이 전해지고 있음.

부처님의 법과 가르침은 이후에도 남방 국가를 시작으로
북방에까지 전해져 각 나라의 문화에 맞게 발전함.

수천억 겁 동안 무수히 몸을 던져 보살행을 실천한 부처님은
지금 이 시간에도 수많은 모습으로 화현하고 계실 것.

도표로 읽는 부처님 생애

초판 1쇄 발행 2022년 2월 21일
초판 2쇄 발행 2023년 4월 8일

지은이   묘장
그린이   배종훈

펴낸이   윤재승
펴낸곳   민족사
주간   사기순
디자인   남미영
기획홍보팀 윤효진
영업관리팀 김세정

출판등록   1980년 5월 9일 제1-149호
주소   서울 종로구 삼봉로 81 두산위브파빌리온 1131호
전화   02-732-2403, 2404
팩스   02-739-7565
웹페이지   www.minjoksa.org, www.facebook.com/minjoksa
이메일   minjoksabook@naver.com

ⓒ 묘장 • 배종훈 2022

ISBN 979-11-6869-001-1 03220